MAURICE PIALAT

la main, les yeux

PAR JÉRÔME MOMCILOVIC

capricci

ACTUALITÉ CRITIQUE

Directeur
Thierry Lounas

Responsable des éditions
Camille Pollas

Coordination éditoriale
Maxime Werner

Correction
Tiphanie Maubon

Conception graphique
Juliette Gouret

Isbn 979-10-239-0434-5
Issn 2112-9479

**Ouvrage publié avec
le concours du CNC**

Capricci
editions@capricci.fr
www.capricci.fr

« C'est poser cent fois la question aux gens : combien êtes-vous sensible ? »

John Cassavetes

LA MAIN

La main de Maurice Pialat est mieux connue comme poing. Le 20 mai 1987, sur la scène du Festival de Cannes, *Sous le soleil de Satan* reçoit la Palme d'or ainsi qu'une volée de sifflets, et Pialat tend le poing. Mais l'essentiel est de part et d'autre, dans la main qui dit adieu à son personnage, ou étale du bleu pour en faire un ciel.

*

«La couleur roturière des choses, mais si juste, si amoureusement juste qu'il n'y a pas de pierre précieuse qui puisse atteindre à sa rareté.»[1]

*

À la fin de *Sous le soleil de Satan*, l'abbé Donissan meurt au fond d'un confessionnal où le découvre Menou-Segrais, son doyen qui le salue d'une caresse sur la joue. Gérard Depardieu joue Donissan, son gros cadavre tout enflé de mort et comme vide de son sang. Pialat est Menou-Segrais. La main compatissante est donc aussi la sienne, une main de cinéaste qui compatit pour deux, le personnage et l'acteur, d'autant que la scène est introuvable dans le roman de Bernanos dont le film est inspiré. Au premier plan de *Van Gogh*, quatre ans plus tard, la même main tient le pinceau qui trace des lignes de peinture bleue. Pour imiter la main de Van Gogh, pour remplacer celle de Jacques Dutronc qui ne convenait pas, Pialat pensa d'abord filmer la main d'un peintre. Ce

1. Antonin Artaud, *Van Gogh le suicidé de la société*, Gallimard, 2001.

faillit être celle de Jean Messagier avec qui il avait étudié aux Arts décoratifs, et finalement il y a mis la sienne, qui était aussi celle d'un peintre.

*

Dans un texte de jeunesse où il s'essaie, pour une unique fois, à la critique de cinéma[2], Pialat décrit les statues humaines et miroitantes qu'on voit s'embrasser au début d'*Hiroshima mon amour* d'Alain Resnais. Les images lui évoquent Eisenstein, Murnau, Painlevé, Lovecraft; mais surtout, il y voit les mains : «Les mains, organe de la peau.» Deux ans plus tard, en 1961, c'est à la main que *L'amour existe*, son premier film professionnel, réservera ses deux derniers plans. Deux plans (trois en vérité, le deuxième étant redoublé par un raccord dans l'axe) car il y a, selon la position des yeux, deux mains en une dans celle que filme Pialat, sur le flanc de l'Arc de Triomphe qu'orne *La Marseillaise* de François Rude. «La main de la gloire, qui ordonne et dirige, elle aussi peut implorer. Un simple changement d'angle y suffit.»

*

«Il parlait constamment de "la main". C'est sur la main qu'il faut juger les nouveaux venus.»[3]

*

2. «Dimensions pour mouvements», reproduit dans *Positif* n°628, juin 2013.

3. Jean Renoir, *Pierre-Auguste Renoir, mon père*, Gallimard, 1981.

D'abord, des rangées parallèles d'anonymes, alignés dans la misère que chaque jour répète comme la veille; une France de robots, réglés par les sifflets de la gare Saint-Lazare, où des wagons les encagent vers la banlieue : «Tas d'hommes, tas d'hommes, tas d'hommes.»[4] Pialat, qui a 35 ans quand il tourne *L'amour existe*, a vécu à Courbevoie, à Villeneuve-Saint-Georges, à Montreuil et enfin à La Celle-Saint-Cloud, dans l'appartement où le film fut écrit et où il tournera plus tard, en souvenir de ces années, quelques scènes de *Nous ne vieillirons pas ensemble*. Dans l'intervalle entre les deux films, il aura aussi renié, selon son habitude célèbre d'insatisfait, la beauté suffocante de ce texte plein d'amertume, trop «geignard» à son goût, et qu'en partie à tort on présente depuis comme un pamphlet. Deux courants y passent, l'un réaliste, faubourien, chrétien dans l'âme (*La Zone* de Georges Lacombe en 1928, ou les *Enfants des courants d'air* d'Édouard Luntz, deux ans avant Pialat, tandis qu'à Rome Pasolini s'immerge dans les *borgate*), et un autre davantage de son époque, qui occupera après lui Marker ou Godard, et qui voit la banlieue comme un paradigme, un portrait cru de la civilisation d'après-guerre, de sa barbarie moderne et silencieuse (avant eux, déjà : Resnais et Franju). On pourrait dire que Pialat est entre les deux, mais il n'est ni l'un ni l'autre, ni même tout à fait Céline, qui pourtant avait quasiment écrit le texte de *L'amour existe* vingt ans plus tôt : «Pauvre banlieue parisienne, paillasson devant la ville où chacun s'essuie les pieds, crache un bon coup, passe, qui songe à elle?

4. Extrait d'un scénario de jeunesse, *Vitesse tranquille*, qui commence sur un quai de gare et se poursuit dans le train.

Personne. Abrutie d'usines, gavée d'épandages, dépecée, en loques, ce n'est plus qu'une terre sans âme, un camp de travail maudit, où le sourire est inutile, la peine perdue, terne la souffrance.»[5]

*

Ce n'est pas tant ce que le court métrage dit de la banlieue : c'est ce que la banlieue, dans *L'amour existe*, dit de Maurice Pialat. Il faut, pour le comprendre, être attentif à un bref et vertigineux moment de silence, dans lequel on chute comme dans un précipice alors que le film a tout juste commencé. Parti de Paris aux premières images, le train bruyant et bondé de son tas d'hommes traverse la banlieue sans la voir; soudain, il n'est plus qu'un fantôme par une fenêtre de pavillon. Plus un bruit tandis qu'un travelling indolent va chercher l'image du train dans la fenêtre, et trouve la voix de Jean-Loup Reynold, articulant les premiers mots de Pialat : «Longtemps, j'ai habité la banlieue. Mon premier souvenir est un souvenir de banlieue. Aux confins de ma mémoire, un train de banlieue passe, comme dans un film. La mémoire et les films se remplissent d'objets qu'on ne pourra jamais plus appréhender.»

*

Il s'agit vraiment de la première image de sa mémoire. Pialat le précisait dans une précédente version du

5. Préface de *Bezons à travers les âges* d'Albert Serouille, Denoël, 1944.

scénario, où il disait aussi : « Mon premier souvenir ressemble à une image du cinéma muet. » Plus que dans ses habits de pamphlet, le film est là, ramassé dans une image d'enfance (« Quelques dizaines de mètres de jardin poussiéreux séparaient la chambre du talus de la ligne électrifiée », précise l'ancien scénario) qu'il reconstitue telle que ses souvenirs la lui ont ramenée de Courbevoie, muette et monochrome. La première distance, qu'avaient dessinée les rails de chemin de fer entre la ville et sa périphérie (c'est ainsi qu'on documente alors le sort de la banlieue : en commençant par traverser la rive qui délimite son néant), disparaît sous le silence d'une autre, fichée dans un regard d'enfant retenu aux confins. Chez Pialat, la banlieue n'est pas tant un lieu qu'un point de vue : c'est celui de l'abandonné. Il a d'ailleurs rarement nié qu'il avait trouvé là son thème, quand on lui signalait que ses films ne parlent que d'abandon : Pialat était, selon ses propres mots, un « abandonnique ». Un tel mal se trouve à la racine : banlieue, abandon, bannissement, c'est une seule famille de mots.

*

L'abandonné est celui pour qui l'œil a remplacé la main, et qui regarde ce qu'il ne lui est pas, ou plus, permis d'appréhender. C'est, à jamais, un regard d'enfant. Plus loin dans *L'amour existe*, le plan de la fenêtre muette trouvera son jumeau de silence, au point qu'on pourrait gommer le reste et, pour apercevoir toute l'œuvre à venir, ne garder que ce dialogue secret à l'abri du vacarme et de la partition de Georges Delerue. Le plan est celui d'un enfant secoué de pleurs violents, ouvrant une séquence où Pialat montre, peut-être avant tout le monde, le sort de ceux qu'abandonne même la banlieue et qui, Algériens surtout, dans des baraques de tôle et de bois mouillé, «existent à trois kilomètres des Champs-Élysées». Mais puisque tout rime (le cadre de la fenêtre et celui de la porte, le travelling funèbre, le vertige, et même le train qui passe en face en laissant cette fois sur le silence un peu de sa traîne de bruit), ce plan montre aussi autre chose, d'à la fois plus intime et plus universel, et cela même si Pialat, quand il filme l'enfant du bidonville, ne regarde personne d'autre que lui, comme il sera tout à Donissan au moment de lui dire adieu. Le plan montre, au moyen de sanglots d'enfant, ce qu'il y a au fond du regard de l'abandonné.

*

«La peinture m'aura au moins servi à ça : ne plus avoir de préoccupation "esthétique". J'ai un œil, je m'en sers, et c'est tout.»[6]

*

L'abandonné a tout perdu et rien gagné, sauf une chose : son regard. À qui appartient, à la fin du film, le deuxième plan sur la main de *La Marseillaise*, ce plan où le pas de

6. Entretien de Michel Fauré et François Favre avec Maurice Pialat, réalisé en 1968 et publié dans *Positif* n°517, mars 2004.

côté et la contre-plongée, qu'accentue encore le raccord dans l'axe, autorisent à reconnaître l'imploration dans le dos de la gloire – à qui appartient ce plan affreusement lucide sinon à un enfant à l'écart? Comme modèle de regard, l'abandonné n'est pas l'orphelin (celui des *Contrebandiers de Moonfleet* ou de *La Nuit du chasseur*, en qui les enfants de la Nouvelle Vague verront un frère du spectateur, «l'enfant seul dans le noir»[7]). L'orphelin a tout à voir, et l'exercice, on le sait bien, lui sera profitable. L'abandonné a déjà tout vu, la vie s'est donnée d'emblée comme une image, alors il ne lui reste que son regard, et plus qu'à ressasser la distance entre lui et ce qu'il regarde. L'image, il le sait avant tout le monde, est la mélancolie même.

*

Regardée à cette distance, la vie passe comme un train :

> «Nombre de microbes respirés dans un mètre cube d'air par une vendeuse de grands magasins : 4 millions. Nombre de frappes tapées dans une année par une dactylo : 15 millions. Déficit en terrain de jeux, en terrain de sport : 75 %. Déficit en jardin d'enfants : 99 %.»

> «Vie passée à attendre la paye. Vie pesée en heures de travail. Vie riche en heures supplémentaires. Vie pensée en termes d'assistance, de sécurité, de

7. Leos Carax, au sujet de *La Nuit du chasseur*, dans une critique de *La Taverne de l'enfer* parue dans les *Cahiers du cinéma* n° 303, septembre 1979.

retraite, d'assurance. Vivants qui achètent tout au prix de détail et qui se vendent, eux, au prix de gros.»

«À propos, avez-vous déjà rencontré le 0,4 % d'ouvrier qui va à Polytechnique? Non? Difficile à voir le 0,4 d'un homme.»[8]

*

Pialat est devenu cinéaste en comptant. Quand sera venu le moment de renier le film, il blâmera les dix années précédentes où, contraint de renoncer à la peinture, il était devenu voyageur de commerce, vendeur de médicaments puis de machines à écrire, comme le héros d'un roman peu connu que Philip K. Dick écrivait exactement à la même époque, *Sur le territoire de Milton Lumky*, et que Pialat des années plus tard aimera tant qu'il y puisera les premières idées de son dernier film, *Le Garçu*. De ces dix ans, dira-t-il, *L'amour existe* porte la trace. Celle de cette France sillonnée porte à porte, mais surtout celle des journées passées reclus à l'hôtel ou chez lui, incapable d'en bouger, voyageur qui ne voyage même pas, remâchant sur son lit la distance et la litanie des petitesses, comptant les films que les autres (Chabrol, Godard, Truffaut) font déjà tandis que lui rumine sur son lit. *L'amour existe* ressasse en énumérant, et c'est le ton des films à venir qui est trouvé, tombé de l'œil dans ce texte où chaque virgule ajoute à la fatalité autant qu'à l'amour triste pour ce qu'il décrit.

8. Les deux premières citations sont tirées du commentaire de *L'amour existe*; la dernière apparaît dans une première version du scénario.

*

«Donnez-moi mon Dieu, ce qui vous reste,
Donnez-moi ce que l'on vous refuse.
Je veux l'insécurité et l'inquiétude
Je veux la tourmente et la bagarre,
Et que vous me les donniez, mon Dieu,
Définitivement.
Que je sois sûr de les avoir toujours
Car je n'aurai pas toujours le courage
De vous les demander.
Donnez-moi, mon Dieu, ce qui vous reste,
Donnez-moi ce dont les autres ne veulent pas,
Mais donnez-moi aussi le courage,
Et la force et la foi.»[9]

*

«Ensuite j'ai fait ce qu'il y a de plus décourageant : du court métrage sur commande sans argent.»[10] En 1962, Pialat tourne en Turquie une série de six films (sept en vérité, on dit qu'il y en eut un de perdu) dont certains sont d'une stupéfiante beauté, et pour lesquels il blâmera son producteur (Samy Halfon, qui avait produit *Hiroshima* et trouvait l'opportunité dans cette commande de rentabiliser les frais d'un tournage d'Alain Robbe-Grillet) de l'avoir poussé à filmer les mosquées et les sites

9. Dans les archives conservées à la Cinémathèque française, on trouve, glissée dans un carnet de notes de Pialat, une carte postale reproduisant cette *Prière du para* écrite par André Zirnheld en 1938.

10. Stéphane Lévy-Klein et Olivier Eyquem, «Trois rencontres avec Maurice Pialat», *Positif* n° 159, mai 1974.

touristiques, poussé en somme à faire du pittoresque, ce qu'évidemment il n'a pas fait, ou très peu, ou très bien. Il lui reprochera surtout d'avoir bridé son envie, qui était de refaire *L'amour existe* dans les rues d'Istanbul. Ici, Pialat ment une seconde fois. Car ce film existe, un peu à la marge des cinq autres et acquitté par eux des obligations patrimoniales. Il s'appelle *Maître Galip*, Pialat y partage ses mots avec ceux du poète Nâzım Hikmet, et c'est notoirement le plus beau volet de la série. Les autres épisodes, longs comme lui d'un quart d'heure, fouillaient avec un raffinement très culturel les ruines de la civilisation; vient avec celui-ci la ruine des hommes. Lavé de tout son pittoresque, Istanbul y est repeinte comme une banlieue, pour y poursuivre l'inventaire de la vie gâchée. Il y a peu d'exotisme dans l'œil de qui reconnaît en chaque chose un cimetière. On pourrait dire, en se fiant à sa réputation d'impulsif, que c'est plus fort que lui : à la fin du segment intitulé *La Corne d'or*, un tardif et brutal contrechamp sur la misère du présent venait gifler l'évocation des siècles de gloire – l'image était celle d'un enfant jouant au milieu des tombes.

*

«Maître Galip est célèbre pour les drôles de choses auxquelles il pense. Si je pouvais chaque jour manger des gaufrettes, se disait-il à cinq ans. Si j'allais à l'école, se disait-il à dix ans. Si je pouvais sortir avant la prière du soir, de la boutique de coutelier de mon paternel, se disait-il à onze ans. Si j'avais des souliers jaunes, si les filles me regardaient, se disait-il à quinze ans. Pourquoi mon père a-t-il fermé la boutique?, l'usine c'est bien différent de la boutique, se dit-il à seize ans. Est-ce qu'ils vont augmenter ma paye?, se dit-il à vingt ans. Mon père est mort à cinquante ans, est-ce que je vais mourir si tôt moi aussi, se dit-il quand il avait vingt-et-un ans? Et si je n'ai pas de travail, pensa-t-il à vingt-deux ans? Et si je n'ai pas de travail, pensa-t-il à vingt-trois ans? Et si je n'ai pas de travail, pensa-t-il à vingt-quatre ans? Et souvent chômeur... Jusqu'à l'âge de cinquante ans il se dit : et si je ne trouve pas de travail? À cinquante-et-un ans il se dit : j'ai vieilli. J'ai vécu un an de plus que mon père. Et maintenant il a cinquante-deux ans, il est chômeur. Et en ce moment il s'est laissé prendre par la plus bizarre des idées : à quel âge vais-je mourir? Est-ce que j'aurai une couverture sur moi quand je mourrai? »

*

Entre chaque phrase se creuse un long silence, encore un silence, après que le film a débordé de musiques et de rumeurs de rues. Ce silence commence par laver la fine pellicule culturelle déposée par les premiers films, cherchant (avec Willy Kurant, qui est l'opérateur) la vie nue dans les portraits d'enfants des taudis. Puis quand la fable en vient à l'âge adulte, et au souvenir sitôt apparu à Galip de la mort de son père, c'est avec un silence plus long, qui dure le temps qu'il faut pour laisser une très vieille dame, traînant un panier lourd avec une robe de veuve, aller d'un bout à l'autre du plan. Entre les vaines rêveries de l'enfance et les derniers jours des vieux qui ont vécu pour rien, la vie dépeinte par *Maître Galip* se résume à ce silence. Naturellement, parce qu'ils logent aux mêmes confins, en banlieues mitoyennes, les enfants et les vieux sont voués à soulager leur peine ensemble.

*

« On est vivant un matin, n'est-ce pas, et on est mort le soir ! »[11]

*

« Le décor du Coron, peint tant et plus, exploité, déteint... Et, à présent, les vallées du bassin minier qui se dépeuplent ; le car moins lourd, le matin ; les vélos moins nombreux... Tout ce changement... Toute cette suite de terre levée, de suie... Bon ! Des nouvelles centrales thermiques s'élèvent, il y a encore du boulot. Les vieux entre deux âges ont toute une génération d'enfants qui s'éparpillent dans les "cadres", sur les napperons : photos de première communion, de régiment, de mariage... Ils n'ont pas perdu l'habitude d'aimer, c'est ainsi. Il leur en faut encore des gosses. Il leur en faut encore quelques-uns, tout près, plusieurs même, j'allais dire n'importe qui. Des n'importe qui, une administration existe qui

11. Séverine (Simone Simon) dans *La Bête humaine* de Jean Renoir.

les recueille. Il y en a des drôles, d'affreux à l'intérieur; des regards pleins d'horreur, des crânes qui flottent sous la main... »

*

Pialat écrit ces lignes en 1961, l'année où *L'amour existe* remporte un prix à Venise (et Resnais le Lion d'or pour *L'Année dernière à Marienbad*), un an avant sa sortie en complément de *Vivre sa vie*, quatrième long métrage de Jean-Luc Godard, sans faire beaucoup d'écho mais en suscitant l'admiration de quelques-uns, dont Claude Chabrol, qui pour sa part en a déjà tourné cinq. Le texte est l'introduction d'une note d'intention, visant à faire état d'une minutieuse enquête sur l'enfance abandonnée, et proposer à partir de là un court métrage documentaire : *L'Enfance nue*. Pialat a cherché un type particulier d'abandon. Pas celui des enfants trouvés, définitivement abandonnés, possiblement adoptés. Plutôt celui des abandonnés considérés comme temporaires, qu'accueillent pour un temps des familles nourricières où personne au fond n'est dupe, et l'enfant sûrement le moins, que la mère qui n'écrit pas souvent finira par ne plus écrire du tout. Dans une autre note, Pialat écrit et souligne : «moralement abandonné». Il veut tout montrer : la sélection des enfants, les examens médicaux, les convois dans les compartiments de train; mais cela sans faire le procès des institutions, dont il estime le travail et le dévouement. Il veut tourner dans le Nord, au cœur du bassin houiller, parce qu'on lui a dit que les familles nourricières, si pauvres soient-elles, y sont les plus aimantes du pays. Il veut quelque chose qu'il exprime très précisément, ayant achevé dans la note d'intention son beau tableau dickensien : « J'ai visité des familles de parents nourriciers dans le département du Pas-de-Calais et je ne l'oublierai pas. Je veux qu'un film fasse partager mon émotion à un public. »

*

C'est François Truffaut finalement, avec Claude Berri, Mag Bodard et quelques autres, qui permettra le financement du film, devenu entretemps un long métrage, et de fiction, mais plein de l'expérience documentaire accumulée depuis près de sept ans et résumée à l'image par le couple Minguet, rebaptisé Thierry par le scénario mais jouant son propre rôle, sa propre histoire. L'enfant héros de cette histoire, lui, a failli s'appeler Sadi, Pialat le voulait arabe. Ce sera finalement François. Le film sortira en janvier 1969, dix ans après *Les 400 coups*. Il a aussi failli s'appeler : *La Peau dure*.

*

Pour louer la beauté douloureuse de *L'Enfance nue*, on a dit combien l'enfant y était opaque, ses émotions illisibles (« mur noir du silence », écrivait Jean-Louis Comolli dans les *Cahiers du cinéma*), et plus perturbant encore son rare et énigmatique sourire, «auquel seul ressemble, de tous les sourires du cinéma, celui de la jeune vampirisée dans le film de Dreyer»[12]. Mais l'énigme est surtout dans les yeux, leur regard littéralement innommable renvoyant comme un tain tout ce qui s'y cogne. Quand la première mère nourricière (en qui Pialat a pris soin de ne pas départager la part d'épuisement et celle du manque d'amour) abandonne François, quel est ce regard qu'il a pour elle à travers la vitre de la voiture, yeux grands ouverts sans un clignement (un seul, lorsqu'il sursaute au claquement de la portière), et pleins du mystère de ce cadeau pervers (un beau foulard payé avec son seul argent) qu'il lui a laissé en partant comme on jetterait un sort?

*

Il y a une exception éclatante, qui voit s'ouvrir brièvement le regard muré de François : quand Pépère et Mémère, le vieux couple Thierry qui l'a recueilli, ou bien Mémère la vieille (l'aïeule, sa préférée), lui racontent avec tendresse leur vie passée. Personne ne s'y est trompé, d'ailleurs. Ni la Gaumont qui choisira plus tard pour la jaquette du DVD, sûrement pour masquer l'âpreté du film, l'un de ces plans rares du visage lumineux de François passionné par la mémoire et l'amour sincère des vieux. Ni l'enfant véritable qui, élevé par le couple Minguet, fut le modèle de François. Dans un reportage de l'ORTF à la sortie du film, Pialat lui-même demande

12. Jacques Aumont, «Chutes : note sur *Allemagne, année zéro* et *L'Enfance nue*», *Vertigo* n° 3, Avancées cinématographiques/Vertigo, 1988.

à cet enfant, Didier, ce qu'il a préféré dans *L'Enfance nue*, et Didier répond que «c'était le moment où Pépère a parlé de la Résistance». Ce rayonnement sur le visage de François est donc bien, tout de même, représentatif de quelque chose : chez Pialat la tristesse, la colère, l'amertume, la cruauté, l'apathie, l'angoisse, le regret s'effacent aussitôt que se répondent, enjambant la vie, un regard d'enfant et un regard de vieux.

*

Michel Tarrazon, qui joue François dans *L'Enfance nue*, n'a plus ce regard de spectre deux ans plus tard. Un peu en retrait cette fois parmi d'autres enfants, Pialat le filme à nouveau dans *La Maison des bois*, le feuilleton en sept épisodes et à grand succès qu'il réalise pour l'ORTF, nouvelle histoire d'abandonnés, recueillis par d'autres vieux pendant la Grande Guerre dans un village de l'Oise. Ici l'enfant a retrouvé toute la gamme des expressions de son âge. Il lui arrive comme aux autres de rire, ainsi qu'il leur arrive à tous de pleurer : Bébert qui rit, Bébert qui pleure.

*

Preuve que le regard de François dans *L'Enfance nue* n'était pas qu'une blancheur d'acteur sans expérience, et que Pialat n'est pas Bresson, en tout cas moins qu'Eustache. C'est aussi que *La Maison des bois*, feuilleton de commande, d'après un scénario largement récrit par Pialat avec Arlette Langmann, est un mélodrame, l'inverse en cela de *L'Enfance nue* qui était tout à sa sécheresse. Du texte écrit pour le documentaire sur l'Assistance publique (et aussi bien de celui de *L'amour existe*), *L'Enfance nue* n'avait retenu quasiment que le trait aride, la fatalité nue, la pudeur butée. Pialat voulait faire partager à un public l'émotion que lui avait donnée, pendant son enquête, l'amour sans condition des familles nourricières; mais il ne pouvait se retenir d'en communiquer une autre, muette et pleine de poison, ramenée du fond de l'abandon. Si bien qu'en dépit de son titre, le film oubliait de regarder l'enfant : «Je me suis aperçu que le couple de vieux était plus intéressant que mon héros – c'est-à-dire moi-même –, que je détestais.»

*

«C'est pourquoi je les ai choisis : ils représentent un peu mes grands-parents, le havre de grâce de mon enfance. La partie dont ils sont absents est la moins bonne.»[13] Du répit furtif trouvé avec Pépère, Mémère et Mémère la vieille, Pialat, avec *La Maison des bois*, fait un havre. Et à l'intérieur un autre havre qui le redouble, sous forme de partie de campagne, le temps d'un épisode buissonnier (le troisième). Et dedans encore, couvé par maman Jeanne et papa Albert, couvé à la sortie de la messe par un pique-nique bienfaisant qui arrête le temps : le havre encore plus doux que dessine une image, comme volée, de jeux d'enfants dans une lumière d'été.

13. Stéphane Lévy-Klein et Olivier Eyquem, *art. cit.*

*

«Et même, observer des enfants qui ne se croient pas observés, c'est comme l'intuition d'un paradis perdu.»[14]

*

La longue focale qui sert ici à espionner les jeux, Pialat n'y reviendra pas, lui préférant le vol à l'arraché et les optiques réputées proches de l'œil humain. Mais cette image du bonheur, il fallait bien aller la chercher : filmer à la fois le bonheur et la distance. Que la maison des bois soit un havre lointain, le feuilleton le dit dès sa première image, qui embrasse sous le générique le long trajet à pied d'un soldat en permission venu retrouver son village. Le chemin parcouru n'est pas tant celui foulé par le poilu que celui du souvenir et de l'imagination (la mémoire et les films, disait *L'amour existe*), par où le spectateur est conduit au paradis perdu, comme on l'accompagnait dix ans plus tôt dans un pavillon de banlieue pour le mettre face à l'image. Double paradis, doublement perdu, que le bonheur filmé de cette *Maison des bois*, qui fut aussi le seul tournage où Pialat a dit avoir été tout à fait heureux.

*

Le bonheur n'est visible qu'à l'ombre de la perte, c'est la loi des mélancoliques. Littéralement, ce qui permet de cerner le bonheur dans *La Maison des bois*, c'est le

14. Béla Balázs, *L'Homme visible*, Circé, 2010.

drame qui veille tout autour. Le peu de scénario du feuilleton, qui buissonne beaucoup (au gré des enfants, au gré des vieux), fait s'aligner les deuils. Deuil d'un marquis d'abord, gentil marquis, dont la femme meurt d'un accident de voiture à cheval; deuil qu'un enfant fait de sa mère qui n'écrit plus, puis un deuil supplémentaire pour lui au moment de quitter la maison des bois; deuil surtout d'une mère, et d'un père, Jeanne et Albert, parce que leur fils est mort au front. Mais au fond du deuil de la mère, on trouve encore un deuil d'enfant : «Il y a des choses qui vous viennent de l'enfance et qu'on traîne certainement toute sa vie. Quand j'ai tourné *La Maison des bois*, je n'étais plus tout jeune et ma mère était morte depuis dix ans… Il n'en reste pas moins que par le fait de filmer (et aussi de faire beaucoup d'autres choses dans la vie) on se retrouve enfant, on retombe en enfance, et on veut que notre mère nous aime tant, qu'elle ait tant de peine, une souffrance indicible, quand on lui annonce notre mort…»[15] Pialat ne parle pas du père, et l'on en revient toujours à ce cri de Jacqueline Dufranne, merveilleuse actrice, plus tard la mère de *Loulou*, ici maman Jeanne apprenant la mort de son fils Marcel. Pourtant c'est lui, papa Albert, trouvé dans les bois par Jeanne à bout de souffle et apprenant sur sa figure qu'il a perdu son enfant, qui a la réaction la plus déchirante. Pierre Doris fait un «oh» minuscule, à peine un son, qui lui secoue mollement les épaules; puis se met à marcher, de dos et sonné, clopin-clopant avec ses grandes bottes de garde-chasse.

15. Propos de Maurice Pialat, consignés dans un document de travail rédigé par Jacques Fieschi et Jérôme Tonnerre en vue de dégrossir les premiers éléments de scénario du *Garçu*.

*

Et au début de l'épisode suivant, après que Pialat a filmé des rires d'enfants dans un grand lit blanc, la scène sans un bruit où Albert vient s'asseoir à côté de Jeanne ravagée de chagrin et que, effondré lui-même, il passe sa main épaisse sur la nuque de sa femme, comme Pialat passera la sienne sur la joue de Depardieu-Donissan.

*

Adapté d'un épisode de la vie de Pialat et du bref roman qu'il en a tiré, *Nous ne vieillirons pas ensemble* est entièrement consacré à la distance. Jean, l'homme, repousse par une série d'impulsions mauvaises la femme, Catherine, sa maîtresse (il a aussi une épouse qui n'est plus qu'une amie qui le materne), avec assez de violence à chaque fois pour l'amener à l'exacte distance qui fait poindre un danger, lequel danger serait qu'elle parte, et qu'alors elle soit remplacée par un regret. Et bien sûr, l'homme, ne pouvant s'empêcher de préférer le regret, pousse trop loin la femme qui avait pourtant tout enduré, et remâche ensuite son malheur devant la distance irréparable. Tout le long, c'est l'œil de *L'amour existe* qui regarde, et qui compte : le nombre de fois où c'est Jean qui part, le nombre de fois où c'est Catherine – tous départs feints puisque le plaisir de celui qui part n'est pas d'être parti, mais de partir, de mettre en scène son départ, comme on le ferait de sa mort pour voir sa mère pleurer. (Celui qui reste, généralement, se précipite immédiatement sur la distance, implorant l'autre d'accepter qu'il l'accompagne encore «un petit bout»; dans ce «petit bout» labouré par d'incessants allers-retours, sarclé par la rancœur et le dépit, la tombe du couple se creuse doucement.) *Nous ne vieillirons pas ensemble* est une suite de faux départs, jusqu'à ce qu'il y en ait un de vrai.

*

Ainsi on l'a souvent décrit comme une chronique du couple, ce qui est d'une part faire peu de cas de la souffrance de Catherine, qui est dans les mains d'un monstre, et d'autre part oublier que la mécanique sèchement répétitive du film ne vise pas un effet de réalité – ce n'est pas la banalité des jours, pas l'idiotie du réel, c'est une série de variations subtiles sur une image de rupture, et donc d'abandon, rejouée à chaque sortie de champ. Jean jouait pour ainsi dire au *fort-da*, casse son jouet, et le film s'en trouve replié sur lui-même comme une feuille de papier, parce que la distance a changé de maître. Dans la première partie, quand Jean accompagne Catherine sur le quai de la gare, il n'attend pas que le train soit parti pour partir lui-même («Il part jamais, ce train!»); dans la seconde, ayant fait mine de décamper, il revient sur le quai comme un taureau au moment précis où les portes se ferment. Un peu plus loin la même chose, faux départ et foudroyant demi-tour, mais cette fois une porte d'ascenseur, par laquelle Jean s'engouffre *in extremis*, et Catherine terrifiée se blottit dans un coin. On dirait que Jean chaque fois prend son élan, comme s'il fallait enjamber un ravin. Pareils à ces portes fermées sur l'élan de Jean, tous les départs de Catherine seront dès lors autant de coups de lame dans l'image. La dernière fois qu'ils se voient (Catherine va se marier, peut-être vivre en Afrique), Jean tend la main vers elle pour dire «Bon alors c'est fini, je te toucherai plus jamais, comme ça?», et le champ-contrechamp lui coupe impitoyablement le bras en deux : quand il touche Catherine, ce n'est déjà plus que dans une image.

*

Jean : la terre brûlée de l'abandon. Sèche, irrécupérable. Tu finiras comme ton père, dit l'ancienne femme : ce sera même pire, parce que ton père au moins il t'a, toi. Voilà la punition de Jean pour tout le mal fait à Catherine. Finir égal, inchangé, torturé par la nouvelle vie de l'autre, lui qui n'en aura jamais qu'une, usée de surcroît depuis le début, infertile d'emblée. Le roman qui a précédé le film s'ouvrait par une description de cette fatalité : «Je n'ai jamais bien su où j'allais dans la vie et je n'ai surtout pas la notion du temps qui passe. Je suis encore comme ça aujourd'hui et si je remonte à quelques années je me retrouve semblable, et plus loin encore, semblable. Est-ce une façon de ne pas vieillir? Le temps a peu de prise sur celui qui ne le sent pas passer... Mais les autres vivent!»

La paresse, pour les personnages masculins de Pialat, est toujours traitée comme une inertie. Dans *Nous ne vieillirons pas ensemble*, Jean est une glu d'homme, son corps un bloc de présent triste et sans projet, autour de quoi compose la mise en scène, tout comme Depardieu chez Pialat semblera toujours plus lourd, inamovible, toujours plus comme une grosse pierre de désespoir.

*

Pialat, dans un entretien de 1984 : «Je crois que c'est quand j'ai arrêté de peindre, ça a été un choc terrible dans ma vie. Je suis resté deux ans dans un état de léthargie complète. Et c'est là qu'a commencé la paresse, parce qu'avant il n'y avait que mon père pour me traiter de paresseux.»[16]

*

Paul Gachet, dans la thèse de médecine qu'il consacra à la mélancolie, des années avant de connaître Vincent Van Gogh : «Il semble qu'il y a dans tout l'être un obstacle qui a ralenti, diminué, ou même empêché complètement le mouvement vital. (...) En face de cet obstacle, la pensée, le mouvement se heurtent sans fin, se buttent sans cesse et en vain, l'obstacle ne pouvait être franchi, l'arrêt continue, devient permanent : l'état stationnaire a lieu. Toutes les puissances de l'être humain se concentrent vers un même point.»[17]

16. Cyril Collard, «Le temps devant soi», *À nos amours - Scénario, dialogue, chronique, images*, Lherminier, 1984.

17. Cité dans Jean Starobinski, *L'Encre de la mélancolie*, Seuil, 2012.

*

Pialat en 1992, interrogé par Michel Denisot :
« Comment êtes-vous entre les tournages?
– Inerte. »[18]

*

La paresse du mélancolique est une forme supérieure de concentration. Voilà une chose que *L'amour existe* avait dite d'emblée, avec son travelling lent sur la fenêtre où la vie passe. Dans l'inertie, l'abandonné gagne un œil obstiné. Il veut voir, puisqu'il n'a que ça. C'est bien la seule chose, d'ailleurs, qu'on pouvait dire du regard inqualifiable de François dans *L'Enfance nue* : c'est un regard qui regarde.

*

Ainsi la paresse est aussi un élan (mais moins pour ses personnages que pour Pialat). Il faut s'y laisser pourrir assez, boire jusqu'au bout le poison d'exigence qu'elle sécrète à vous en rendre malade, pour trouver la force ensuite de jeter son regard là où les autres regardent pour rien. Ne pas avoir envie, suffisamment longtemps, pour trouver le poids juste d'envie : «La paresse, enfin ce qu'on appelle la paresse, ce n'est pas inintéressant parce que ça veut dire en gros que je tourne quand j'ai en ai envie. Je ne suis pas le seul à faire ça, Godard

18. Émission *Mon Zénith à moi*, diffusée sur Canal+ en 1992.

aussi.»[19] Et Godard a dit mieux que quiconque la vertu secrète de cette inertie qui causa à Pialat de faire près de dix fois moins de films que lui. À la fin du courrier qu'il lui adresse en 1991 pour dire l'admiration que lui inspire *Van Gogh*, il écrit : «Heureusement que vous êtes entré plus tard que les autres dans l'ordre puisque vous entrez plus tôt dans le beau, le calme, et le voluptueux.» Et, pour commencer : «Mon cher Maurice, votre film est étonnant, tout à fait étonnant, bien au-delà de l'horizon cinématographique couvert jusqu'ici par notre misérable regard.»

*

Un regard, donc, qui regarde quand il veut, et le temps qu'il faut pour voir quelque chose. Par exemple, dans la scène éprouvante, faite d'un seul plan, qui a fait la postérité de *Nous ne vieillirons pas ensemble* : Jean en train d'agonir Catherine dans une voiture, la traitant de fainéante alors que lui n'est que paresse, s'acharnant sur elle comme après une proie morte, et Catherine qui encaisse tout ça, inerte elle-même dans sa douleur. Postérité trompeuse, d'une fausseté un peu effrayante, qui rabat la scène sur le mythe de la performance d'acteur pour mieux jouir avec le bourreau, poussé par une connivence indue dans les rangs du mâle pompidolien, truculent et poilu. Or la scène tire sa paradoxale intensité de ce que la haine incontinente de Jean est comme une montée de lave tiède, à peine poussée par le corps

19. Alain Bergala, Jean Narboni et Serge Toubiana, «Le chaudron de la création – Entretien avec Maurice Pialat», *Cahiers du cinéma* n° 354, décembre 1983.

et la bouche qui seraient plutôt traversés par elle, tandis qu'à côté les larmes de Catherine sont un genre semblable d'éruption lente, inexorable – scène sans nerfs, sans détonation ni catharsis, aucunement spectaculaire. L'éprouvant n'est pas tant dans les mots que dans le regard du film, qui dure, terriblement constant, posé sur la lave de Jean et les larmes de Catherine comme sur un phénomène géoclimatique pour en recueillir les effets.

*

Les effets appartiennent aux personnages, ils sont l'invention de la scène, mais pas directement celle de Pialat, qui n'a inventé que la réunion de forces à l'origine du phénomène. Soit : de son côté, le souvenir intime plein de honte; de celui de Jean Yanne, sa résistance au cinéaste, au texte, au rôle dont la violente sensibilité lui fait horreur, si bien qu'il rechigne à jouer et se retrouve avachi là dans la voiture, secoué par le texte qui lui remonte en bouche à contrecœur, et par la pensée de sa femme qui, Pialat le sait, est morte la veille d'un cancer. Avec *Nous ne vieillirons pas ensemble* naissent ainsi le geste et sa légende. La légende : celle des tournages tempétueux, du vol d'existence, des accrochages, Pialat qui quitte le plateau, retombe dans la paresse et ne veut plus du film, vous n'avez qu'à tourner sans moi – Yanne et Pialat ont cessé de se parler au bout de quelques jours. Le geste : radicaliser la leçon de Jean Renoir sur les «petites luttes» du tournage, qui sont autant d'appui pour laver la vie des clichés de cinéma. Arlette Langmann l'a un jour parfaitement résumé pour Pialat : il ne s'agit pas, disait-elle, de brouiller la frontière entre l'acteur et le personnage, mais de les mettre au défi l'un l'autre, de provoquer entre eux une réaction.

*

Une autre chose qu'on l'on oublie souvent au sujet de cette scène, c'est que son objet, et donc la réaction véritable, n'est pas la fureur molle de Jean, mais le visage de Catherine. Le cadre est organisé aux fins de son portrait, c'est elle que l'on regarde : un visage rendu visible par les variations qu'y imprime une souffrance muette; un portrait en infime mouvement, indexé sur le temps que mettent l'humiliation du personnage et l'épreuve du tournage à transformer le visage d'une actrice – un portrait de peintre, par le cinéma.

*

«Terre cassée, craquelée, dénivelée, toute secouée de tremblements de terre, d'éruptions, et aussi, battue d'orages diluviens, labourée par les torrents, puis couverte sur ses parties les plus hautes d'une carapace de glaces après l'avoir été par de noires carapaces de laves refroidies, l'Auvergne a connu la puissance des forces souterraines, créatrices de reliefs, et la puissance des forces atmosphériques, destructrices de montagnes.»[20]

20. Lucien Gachon, *L'Auvergne et le Velay*, Maisonneuve et Larose, 1975.

*

Longtemps Pialat voulut adapter *Maria*, le beau roman paysan de Lucien Gachon, né comme lui entre les monts du Livradois, dans le Puy-de-Dôme. Le roman, indéniablement, était fait pour lui, avec son personnage buté et fiévreux de fille de ferme, et son portrait sans cérémonie de la vie paysanne au lendemain de la Grande Guerre. Roman de la «colère amoncelée dans les corps», où passe discrètement le génie de géographe de Gachon, si bien qu'en vérité il vaut mieux se pencher sur ses descriptions pures du paysage auvergnat pour voir décrits les courants qui agiteront les films de Pialat.

*

Gachet, dans sa thèse de médecine : «La mélancolie est répandue dans la nature entière. Il y a des animaux, des végétaux, des pierres mêmes qui sont mélancoliques.»[21]

*

Les forces atmosphériques, Serge Daney en aura l'intuition au moment d'*À nos amours* et d'un texte travaillé tout le long par la métaphore du climat, «sous l'angle de la dépression, de la perturbation, des hautes et des basses pressions»[22]. L'image est d'autant plus juste qu'il arrive parfois, chez ce cinéaste où il n'y a que de l'homme (trouve-t-on plus de deux, trois plans

21. Cité dans Jean Starobinski, *op. cit.*

22. «Pialat dans l'œil du cyclone», *Libération*, 16 novembre 1983.

chez Pialat sans présence humaine?), que le climat se signale discrètement. Un léger vent, des ondes d'orage, de l'électricité dans l'air. Rien qui serait de l'ordre du commentaire poétique, de la ponctuation d'artiste : à la fois le vent est clandestin (comme ce vent du Sud qui fait chalouper un arbre dans le fond du *Repas de bébé*, et qui fascina les premiers spectateurs plus que la becquée de la fille d'Auguste Lumière) et il suggère l'idée, dans un registre plus fantastique, que ce frisson de climat émane directement des forces remuant l'intérieur des personnages. Ce sont des scènes d'abandon. Et autant de portraits.

*

Dans *À nos amours*, il s'agit d'une scène qu'étrangement Daney ne mentionne pas, alors qu'elle valide la plus belle partie de sa thèse (sur l'accalmie, le «centre dépressionnaire» qui vient après la crise). Suzanne vient d'être quittée par son amoureux qui sortait d'un cours d'arts plastiques, et a seulement dit : «Bon, eh bien, je pense que c'est fini.» Elle reste assise et, tandis qu'elle regarde le garçon partir, on ne voit plus que ses cheveux douchés par une lumière de fin d'après-midi, et d'où s'échappent quelques mèches qu'une légère brise fait danser. Le vent ne produit aucun bruit, il n'y a d'ailleurs à peu près rien à entendre, c'est presque le silence de *L'amour existe* et de *Maître Galip*. Dans *Nous ne vieillirons pas ensemble*, le vent est audible car il bruisse dans tout un verger, qui fait autour du couple un inquiétant éden. La même lumière d'avant-crépuscule tombe sur la rougeur des cheveux de Catherine au moment où, pour refuser le mariage à Jean, elle lui dit d'une voix tremblante qu'elle l'aime moins. À ces mots précis, «Je t'aime moins», l'orage se met à gronder (ou est-ce seulement le vent trop fort dans le micro? L'effet n'en serait pas changé). C'est indistinctement la fin du monde (l'abandon de Jean) et son premier matin (la naissance de la volonté de Catherine).

*

Les forces souterraines, magmatiques, qui remontent le long de ses personnages, Pialat va les chercher d'abord dans un sous-sol personnel qui satisfait moins qu'il n'en a l'air aux exigences de l'autobiographie. Quand il fouille les brèches de son histoire, sonde les basses-fosses de la honte en notant par carnets entiers les mots qui lui reviennent, va chercher dans sa mémoire l'image exacte des lieux, des vêtements ou des papiers peints, quand il impose que les tournages baignent dans ce jus âcre du souvenir (les mêmes lieux, vêtements, papiers peints : sinon, je ne tourne pas), Pialat se soucie peu de vérité intime, il vise à la surface de la scène une réaction alchimique entre ces sédiments de vie et d'autres que le processus aura fait remonter chez les acteurs : une «petite lutte» entre couches géologiques. Les choses, chez Pialat, viennent toujours d'en dessous. Déjà, *L'amour existe* décrivait un paysage où «le mâchefer, la poussière et la rouille sont comme un affleurement des couches géologiques profondes».

*

«Un beau matin, le lendemain, lentement, les bases géologiques m'apparaissent. Des couches s'établissent, les grands pans de ma toile. J'en dessine mentalement le squelette pierreux. Je vois affleurer les roches sous l'eau, peser le ciel. Tout tombe d'aplomb. Une pâle palpitation enveloppe les aspects linéaires. Les terres rouges sortent d'un abîme.»[23]

*

Le village où Jean, dans *Nous ne vieillirons pas ensemble*, rend visite à son père veuf dans sa boutique crasseuse, est inspiré de Cunlhat où Pialat est né. Le film suivant, *La Gueule ouverte*, est censé s'y dérouler presque entièrement. Sorti deux ans plus tard, en 1974, celui-ci remonte plus loin dans les souvenirs de Pialat. Le personnage masculin, cette fois, retourne à Cunlhat parce que sa mère est sur le point de mourir.

*

À trente kilomètres d'Ambert et soixante de Clermont-Ferrand, Cunlhat est l'un de ces villages de quelques milliers d'âmes, que la seconde moitié du siècle a vidé. Une

23. Paul Cézanne, conversation avec Joachim Gasquet, dans *Conversations avec Cézanne*, Macula, 2011.

rue principale, la rue de la Poste, à l'ombre des collines de granite; un plan d'eau; une grande futaie qu'on appelle bois de la Flotte parce qu'elle fournissait autrefois les mâts de la flotte royale; et aujourd'hui partout des sapins, plus rentables, qui ont fini d'effacer du paysage la mémoire de ses années prospères, et d'en faire un puits d'ombre et de silence. Il ne reste aucun Pialat à Cunlhat. Mais on trouve à quarante kilomètres un lieu-dit nommé Chez Pialat, sur la commune de Lezoux, où fut tourné *La Gueule ouverte*. Dans le *Maria* de Lucien Gachon, l'auberge s'appelle «Chez Pialoux». Au début de «Mes petites amoureuses», le poème de Rimbaud qui a donné son titre au film d'Eustache où Pialat joue un rôle bref, on trouve des «pialats ronds», tirés du verbe «pialer», qui veut dire pleurer.

*

La mère, dans *La Gueule ouverte*, meurt d'une chose qui la ronge, ou plutôt de deux. La première est un cancer, que l'on devine par le biais de la séance de rayons placée à l'ouverture du film. L'autre est décrite par le personnage de Nathalie Baye, la belle-fille, à celui de Philippe Léotard qui joue le fils : «Ta mère n'a aimé que ton père, et toute sa vie elle a été rongée par la jalousie.»

*

Deux films, dès lors, cheminent en un seul. Le premier est clinique, il ausculte le travail de la mort en regardant la mourante lentement bue par son lit, confondue par la maladie aux couleurs ternes du papier peint, puis finalement rangée dans le cercueil qu'on a posé au pied du lit : ce film-là est celui qui enterre. L'autre, à l'inverse, va du bas vers le haut. Il regarde remonter les forces souterraines auxquelles la gueule ouverte de la mère ouvre un passage. Car avant d'être rendue parfaitement muette par la maladie (l'agonie du père dans *Le Garçu* passera par la même mutité : la mort, chez Pialat, c'est quand ça ne parle plus), la mère, sous le regard de son mari mais elle-même fixant le plafond, vomira une dernière poignée de mots avec des sonorités d'incantation, des mots revenus de tout le mal qu'une vie durant, son mauvais mari lui a fait.

*

«Où t'as été traîner encore? Avec une gueuse!
Tu sens le vin, tu as bu!
Tu sens le vin!
Tu sens le vin!»

*

C'est autre chose que les murmures pleins de théâtre de *Cris et Chuchotements*, le film de Bergman sorti un an plus tôt, film d'auteur colossal, et colossal succès public tandis que celui de Pialat récolte la rançon de son geste suicidaire : un bide monumental, pas même 30 000 entrées.

La Gueule ouverte est plus proche, en vérité, d'un autre succès de l'année précédente, un film d'horreur tout comme lui : *L'Exorciste* de William Friedkin. La parenté est troublante. Scènes d'examen à l'hôpital, corps allongés à l'identique en cadavres vivants, sifflet rauque de la voix quand elle ne crache pas sa bile de mots, qu'il faut déchiffrer parce qu'ils sortent comme dans une langue étrangère. Sans compter le diagnostic qu'on fait chez Friedkin du calvaire de l'enfant («révolte inconsciente», «possession somnambuliforme»), qui décrit aussi bien la lave de reproches ante-mortem du film de Pialat. Et puis surtout, considéré sous l'angle de son admirable personnage de curé, *L'Exorciste* est bien le film de la mort d'une mère, la sienne, qu'il enterre au milieu de l'histoire et qui reviendra à la fin, par l'opération du Diable, à la place du visage de l'enfant possédée. Au début du film, il y a des fouilles archéologiques, une statue qu'on déterre : Friedkin aussi pense que le mal arrive par en dessous.

*

«Mémoire de la terre, terreau de la mémoire fait de toutes les formes rompues, corrompues, tombées en poudre.»[24]

*

Les tromperies constantes du père, qui trouve encore le moyen de découcher pendant que sa femme meurt, mais

24. Luc Dietrich, «Mémoire de la terre», *Poésies*, Éditions du Rocher, 1996.

qui la veillera jusqu'au bout et finira inconsolable, ces tromperies sont évoquées dès les premiers dialogues du film. Le fils ramène sa mère de sa séance de rayons, chez lui à Paris. Ils déjeunent, et évoquent le passé.

*

«Et quand tu crachais sur la photo de Gene Tierney? Oui, Gene Tierney. Tu te rappelles? Quand t'as ouvert la porte du placard de la boutique et que t'as vu cette photo qu'il avait découpée dans *Cinémonde*? T'as craché : pfffft. Charogne! Putassier!
– T'inventes. J'ai jamais fait ça.
– Oh quelle menteuse! Tu croyais qu'il l'avait découpée exprès parce qu'elle ressemblait à cette fille qui travaillait à la SNCF. C'était vrai d'ailleurs. Elle était jolie cette fille. Je comprends pas pourquoi elle est allée avec lui.»

*

Pendant l'agonie, le fils ramène des filles à l'hôtel, trompant sa propre femme, tandis que le père lui-même continue de tripoter dans sa boutique des clientes en t-shirt. On en a conclu souvent que *La Gueule ouverte*, en contrepoint de son tableau cru d'une agonie, montrait là un instinct de vie, une pulsion compensatrice, bref rejouait la partition usée d'Éros et Thanatos. Or, dans ces trouées de sexe triste, il y a plutôt une malédiction qui remonte par le corps du fils, en parfait écho à la bile de souvenirs déglutie par la mère et aux automatismes de satyre du père. Ça remonte de partout : jusqu'aux yeux de Nathalie Baye et de son personnage, dans une scène de grenier qui les voit toutes deux fondre en larmes en lisant de vieilles lettres d'amour.

*

Ça remonte tellement, la souffrance de la mère, que ça remontera jusque dans *Van Gogh*, par un personnage qui n'avait rien demandé. À la fin du film, Van Gogh vient de mourir, et d'un geste magnifique et très salué à la sortie du film, Pialat détourne l'attention de cette mort par le biais d'un accident domestique : Madame Ravoux, l'aubergiste, a pris une lourde trappe sur le pied, et hurle sa douleur dans une poignée de jurons. Ces jurons sont ceux de la mère de Pialat, entendus dans *La Gueule ouverte* : «Charogne ! Putassier ! »

*

Ce qui remonte, ce fléau qui reflue avec la déchéance de la mère, c'est l'hérédité. *Nous ne vieillirons pas ensemble* : «Tu finiras comme ton père.» *La Gueule ouverte* : «Elle m'a dit que tu l'avais trompée? Je pensais que pour ça au moins tu ne tenais pas de ton père.» Malédiction de l'hérédité : rester inchangé, semblable. Inerte.

*

«Un jour après la projection de *La Gueule ouverte*, un type me demande : "Mais qui sont ces êtres veules, qui se traînent comme des larves?..." Et je lui ai dit : "C'est mon père et moi."»[25]

*

Dans *Mes petites amoureuses*, le rôle qu'Eustache a donné à Pialat est celui d'un artisan maussade, jetant cette phrase à un enfant piégé par sa condition : «Tu veux faire le malin mais tu seras comme nous, toujours un pauvre type.»

*

La première image de *L'Enfance nue* était celle d'une manifestation ouvrière, à Lens, sans rapport avec l'intrigue et en insistant sur une grande banderole flanquée du logo de la CGT, qui réclamait «le plein emploi et une vie décente». Il sera reproché plus tard à Pialat, qui se revendiquait «du côté de ceux qui prennent le métro», de filmer crûment la misère sociale sans donner le gage d'une dénonciation, d'une prise de position. Or sa position est claire, d'où il montre très clairement quelque chose qu'il ne nomme pas reproduction sociale, mais encore, et comme Bernanos, hérédité, sans être dupe de ce que le sang et le Diable sont moins en cause que l'organisation sociale.

25. Jean-Luc Douin, «Maurice Pialat : "Je suis du côté de ceux qui prennent le métro"», *Télérama* n° 1600, 13 septembre 1980.

*

«Bon sang ne peut mentir, après tout. Le papa vend de la mauvaise bière, et la fille... On vend ce qu'on a.»[26]

*

Passe ton bac d'abord : portrait de groupe (le seul de tous les films de Pialat), portrait de la jeunesse française, en 1978 à Lens. Film plein de jeunes, plein de leurs petites histoires comme le cinéma français en raffole alors, mais autrement plus pessimiste, entièrement tissé de fatalité sociale, terminé exactement là où il a commencé avec seulement une question en plus, une mère qui demande : «À quoi tu rêves, ma fille?» Et la fille répond : «À rien.»

*

L'apparente anarchie de leur montage, qui substitue aux lois du récit des blocs d'événements âprement heurtés les uns aux autres, a fait oublier combien les films de Pialat ont une charpente limpide, dessinée justement par cette fatalité qui n'épargne personne mais frappe plus dur les moins bien nés. Affaire de cycles, immuables : ceux des placements infinis de François dans *L'Enfance nue*; ceux très courts, comme un hoquet, des séparations puis des retrouvailles dans *Nous ne vieillirons pas ensemble*; ceux dont la mort de la mère met au jour la nature héréditaire

26. Georges Bernanos, *Sous le soleil de Satan*, Gallimard, 2015.

dans *La Gueule ouverte*. La structure de *Passe ton bac d'abord* est la plus lisible et désespérée : une année scolaire, celle du bac, depuis le jour de la rentrée de septembre jusqu'au jour identique de l'année suivante, classe redoublée, vie semblable qui n'a tenu aucune promesse. Une fille assise à la même place, qu'une année de mouvements de cœur et de rêves d'évasion n'a pas délogée de son sort. Tout de même, un changement : elle attend un enfant, que guette sans doute le même destin. Aux dernières images, la mère fait des boucles de satin blanc pour le mariage qui approche : «Je crois que tout le monde sera content.»

*

Passe ton bac d'abord renoue à double titre avec *L'Enfance nue*. Premièrement, parce que l'idée en est venue à Pialat après avoir retrouvé une jeune actrice de son premier film, restée depuis à Lens, et qui aurait dû jouer là son propre rôle, finalement tenu par Sabine Haudepin. Ensuite, parce que de tous les films de fiction de Pialat, ce sont les deux seuls à voisiner aussi franchement avec le registre documentaire. Cela se ressent dans le travail avec les acteurs, tous inexpérimentés à l'exception de quelques-uns (Sabine Haudepin découverte chez Truffaut; Philippe Marlaud qui jouera pour Rohmer, avant de mourir à vingt ans dans un camping russe du Lavandou), des acteurs qu'il ne s'agit pas de torturer pour leur faire remonter des forces du fond du ventre, mais seulement de regarder, et d'écouter.

*

De toutes les scènes où la vie des acteurs palpite ainsi à la surface des personnages, la plus belle est une scène de mariage. C'était le cas, déjà, dans *L'Enfance nue*. Un jour, Jean-Jacques Schuhl a suggéré à Jean Eustache, avec en tête sûrement *La Rosière de Pessac* : «Tu devrais avoir une boutique avec sur la plaque : "Jean Eustache, cinéaste pour Noces et Banquets".» Pialat et Eustache ne se sont jamais autant ressemblés qu'au milieu de ces banquets, parmi la France des clochers qu'ils ont filmée comme personne. Il y avait ces années-là, en vérité, trois cinéastes pour Noces et Banquets : Jean Eustache, Maurice Pialat, Michael Cimino. Trois cinéastes à l'exigence forcenée et au regard aimant, trois mélancoliques incurables, trois enfants de John Ford.

*

Dans les premiers chapitres de son autobiographie superbe, *Ça s'est fait comme ça*, Gérard Depardieu raconte : «C'est durant mon séjour en taule que j'ai la révélation qui va faire basculer ma vie. Presque rien, j'aurais aussi bien pu ne pas l'entendre, mais à ce moment-là, parce que je suis incarcéré, la chose prend un écho phénoménal en moi. Elle est formulée par le psychologue de la prison. Il m'accueille avec bienveillance et, avant même de me demander quoi que ce soit, il s'empare de mes mains, les considère longuement, silencieusement : "Tu as des mains de sculpteur, remarque-t-il à la fin. – De sculpteur? Mais je ne sais même pas dessiner! – Quelle importance? Tu as des mains puissantes et belles, faites pour pétrir, pour modeler." »[27] Une trentaine d'années plus tard, il jouera Rodin pour Bruno Nuytten, dans *Camille Claudel*, avec Isabelle Adjani. Un temps, Claude Chabrol voulut faire le film. Dans le rôle-titre, il envisageait Isabelle Huppert. Et dans celui de Rodin : Pialat.

*

Au cinéma de Pialat, Depardieu apporte ses mains. Avant *Loulou* et à l'exception du havre de *La Maison des bois*, on ne se touche pas beaucoup dans les films de Pialat, ou alors par dépit, et avec beaucoup de tristesse. On est généralement trop occupé à regarder : les yeux passent avant la main. En amenant ses mains, Depardieu amène ce qu'il nommera lui-même, dans une interview au sujet de *Police*, «la chair chaude». Dans *Loulou*, on la respire au fond des lits. Ceux de *Nous ne vieillirons pas ensemble* ou de *La Gueule ouverte* n'étaient pas ce genre de lits, où Huppert et Depardieu s'étalent avec une animalité bienheureuse (et il faudra voir Suzanne dans *À nos amours* : un vrai nu de Bonnard, d'ailleurs cité par elle). C'étaient des lits sans plaisir, sans vie (dans *Nous ne vieillirons pas ensemble*, les tout premiers mots de Catherine, dans le lit conjugal de Jean : «Ici on voit bien que vous n'avez jamais rien fait pour arranger. C'est mort... C'est pas vivant, quoi»), des lits comme des cages (la chambre d'hôtel où

27. Gérard Depardieu, *Ça s'est fait comme ça*, XO Éditions, 2014.

s'entassent les jeunes de *Passe ton bac d'abord*) ou carrément des lits de mort.

*

Dans *Loulou* on s'empoigne, on se palpe, on s'agrippe. Ce sont les grosses mains de Loulou qui attirent Nelly dans son lit : elles s'y joignent comme un nid autour de sa tête menue d'hirondelle. André, le cocu, garderait plutôt les siennes dans ses poches pendant qu'il regarde avec son air de chien battu. Et quand ils recouchent ensemble, il n'a plus de mains du tout, un authentique manchot. Ses petites mains n'empoignent que pour faire mal, mises en branle par l'amertume, mains inertes quand celles de Loulou, sur la piste de dancing où Nelly vient s'y frotter ou dans ses habitudes nuiteuses de pochetron qui lui valent un coup de couteau, sont des mains baladeuses.

*

Mais on s'empoigne aussi parce qu'on titube, pour s'empêcher de tomber. Au milieu du film, Loulou ramasse Nelly, effondrée dans un caniveau; au dernier plan c'est l'inverse, Nelly porte Loulou qui fait le double de son poids et que ses jambes ne soutiennent plus. On ne tombe qu'accessoirement par la faute de l'ivresse. Le vertige est plus profond, il vient encore du fond de l'abandon. (Tomber restera la hantise d'un bout à l'autre : dans *La Gueule ouverte*, une légère chute de la mère est le premier signe de la mort qui vient; plus tard, un premier jet du scénario du *Garçu* fera choir Depardieu dans un escalier, en s'inspirant d'une chute de Pialat.) Car si Depardieu rend à Pialat les mains qui manquaient à son regard, c'est sans le guérir de sa hantise, plutôt en inventant de nouvelles figures d'abandonnés, non plus inertes mais errantes, flottantes, baladeuses, tout ce que sera le rôle du commissaire Mangin dans *Police*. Il n'y a pas moins d'abandonnés dans *Loulou*, ils sont même partout. André d'abord, évidemment, le cocu inspiré de Pialat. Sur le tournage de *La Maison des bois*, Arlette Langmann, alors sa campagne depuis cinq ans, était tombée dans les bras d'un dénommé André, dit Dédé, un gentil voyou recruté pour aider à la déco. Par un geste tordu où se démêlent mal la mansuétude et la perversité, c'est à elle, Arlette, que Pialat demande de transposer l'histoire pour en faire le scénario de *Loulou*, où André devient le prénom de l'abandonné, sous les traits de Guy Marchand. Quand, dans la scène du dancing, celui-ci gifle Nelly qui s'en amuse, il n'est qu'une ombre dans un coin de l'image, comme effacé par Nelly qui rayonne dans sa belle lumière oblique.

*

Dominique, elle, est l'abandonnée totale. Abandonnée par Loulou quand il rencontre Nelly, abandonnée aussi par le film, qui fait semblant de la traiter aussi mal que Loulou. Mais seulement semblant : Pialat lui a donné le premier plan, si bien qu'au fond le point de vue du film est celui de ce personnage. L'actrice, Frédérique Cerbonnet, qui avait un petit rôle dans *Passe ton bac d'abord* et partage au moment de *Loulou* la vie de Pialat, marche seule sous le métro aérien, dans une lumière de petit matin qui la fait ressembler à un fantôme. Sur son chemin, un couple s'embrasse, souligné par un plan rapproché. Elle disparaît dans l'ombre avant de rejoindre Loulou, qui lui renverra comme une gifle sa tristesse molle. Parmi les personnages principaux du film, c'est la seule qu'on ne verra pas dans un lit.

*

On trouve aussi un abandonné plus discret, tout juste évoqué dans une scène de bistrot. Une amie de Loulou, dont Nelly tient le bébé dans les bras, évoque un autre fils plus vieux, qu'elle a confié à la naissance et ne reprendra pas : un abandonné «temporaire», comme dans *L'Enfance nue*. Peu après, Dominique entre dans le bistrot, un chat dans les bras, et c'est un moment cruel, qui l'oppose à l'image de Loulou et Nelly avec un nourrisson. Mais Dominique sera vengée, car l'enfant annonce de façon subliminale le drame sourd qui finira par s'abattre sur Loulou : Nelly tombera enceinte, avortera, et Loulou en aura le cœur brisé. Ultime abandon, donc, celui de Loulou, par cet enfant que la vie ne veut pas lui donner.

*

Dans une interview donnée à la revue *Cinématographe* pour la sortie de *Loulou*, Philippe Carcassonne et Jacques Fieschi demandent à Pialat ce qui lui a inspiré le sujet de *L'Enfance nue*. «Ça venait peut-être du fait que je n'avais pas d'enfant», répond-il.

*

Avec *À nos amours*, en 1983, Pialat se donne un enfant : Suzanne.

*

Incarnant le père de Suzanne, il tient le rôle d'un artisan fourreur. Le scénario du film, qui s'est d'abord appelé *Les Filles du faubourg*, puis *Suzanne*, s'inspire des souvenirs d'adolescence d'Arlette Langmann, à qui Pialat a de nouveau demandé d'écrire. Le père d'Arlette, qui fut aussi celui de Claude Berri, était lui-même fourreur dans le dixième arrondissement. Pour préparer ce rôle qui lui tenait à cœur, Pialat a tenu à apprendre les gestes du métier. De ce bref apprentissage, il reste peu de choses à l'image, tout juste quelques mesures prises sur une pièce de fourrure, au début de la scène la plus célèbre du film, celle de la fossette. Suzanne, qui rentre tard, appuie ses coudes insolents sur la table de travail, proche des mains de Pialat qui manipulent une longue règle en bois. Le père cesse vite de faire semblant : c'est lui maintenant qui s'appuie, bras tendus pour marquer son autorité inquiète, sur ses mains qui ont reposé la règle. Tout l'équilibre du plan, où père et fille sont face à face, repose alors sur ces mains épaisses devenues le centre de gravité de l'image. Plus tôt, alors que des amis de Suzanne sont venus la chercher pour une sortie qu'il désapprouve, il passe la scène entière à se laver les mains, les enroulant méticuleusement dans l'eau savonneuse, puis dans la serviette blanche qu'il ne repose qu'au départ des jeunes. De quoi se lave-t-il avec cette persévérance marquée? De la gifle qu'il vient de donner à Suzanne?

*

On trouve les mêmes gestes ronds dans *Que la bête meure*, où Claude Chabrol, longtemps avant de penser à lui pour Rodin, avait donné à Pialat un rôle court mais marquant de commissaire. Chabrol, à l'évidence, tire parti de la gêne de Pialat, qui entortille l'une dans l'autre ses mains inquiètes tout le long de la scène où il interroge son suspect. Ces mains résument le personnage, un genre de Maigret anxieux : mains solides et douces, mais trahissant le faux calme du commissaire autant que de Pialat, et auxquelles Chabrol, filmant le journal intime du suspect, consacre un long et beau plan.

*

Pialat, interrogé par *Positif* en 1974 : «Un tournage est un moment que l'on essaye d'agripper.» Dans *Les*

Inrockuptibles en 1993 : «Le montage, c'est une affaire de contact physique, d'adresse manuelle.» Anne-Marie Faux, dans un texte sur *La Gueule ouverte* : «Le cinéaste fait son travail comme un maçon.» Yann Dedet, qui a monté cinq de ses films : «Quand il parlait du temps où il avait fait un peu de montage, initié par Jacques Witta je crois, je voyais ses mains bouger comme si le souvenir de la pellicule touchée lui remontait à la gueule.»[28]

*

«Prise. – N.f. – Terme de métier. – 1° Action de prendre un film ou une scène; ensemble des opérations nécessaires à ce travail.»[29]

*

Les films de Pialat rappellent que le cinéma n'est qu'en second lieu le travail de l'œil : c'est d'abord un travail manuel. La «vue» inventée par la stéréoscopie, consacrée par la photographie, devient avec l'invention des frères Lumière une chose dont on se saisit. Renoir précisera ensuite ce qu'il faut de ruse pour se saisir ainsi de la réalité, pour percer la fine couche de faux-semblants dont l'imaginaire l'enveloppe. Moins contraint que le cinéaste, le peintre, disait Renoir, «a l'avantage de

28. Stéphane Lévy-Klein et Olivier Eyquem, *art. cit.*; Christian Fevret et Serge Kaganski, «Des petits miracles», *Les Inrockuptibles* n° 52, hiver 1994; Anne-Marie Faux, «Silence, on meurt», in Sergio Toffetti et Aldo Tassone (dir.), *Maurice Pialat, l'enfant sauvage*, Lindau, 1992; Yann Dedet (entretien avec l'auteur).

29. Jean Giraud, *Le Lexique français du cinéma : des origines à 1930*, CNRS, 1958.

creuser dans le même petit trou, et il peut aller très très très très profond»[30].

*

Pialat creuse ce trou, aussi profondément qu'il peut. C'est Renoir sans la ruse ni la bonhommie, avec une main de peintre maniaque. Alain Philippon a merveilleusement résumé son geste, dans un texte qui décrit *Sous le soleil de Satan* comme un film «arraché au cinéma»[31]. Pour prendre la réalité, pour la libérer de la lourde emprise que fait peser sur elle la machinerie du cinéma, sa cohorte de tics et de vérités de pacotille, Pialat ne ruse pas : il arrache.

*

À nos amours est le film le plus arraché. C'est vraiment l'effet que produit son inhabituelle et éprouvante violence : moins l'hystérie de convention qu'on croit reconnaître dans son petit théâtre de rancœurs familiales, que des émotions arrachées à la main aux vies des acteurs. Le registre outrancier d'Évelyne Ker, qui joue la douleur de la mère avec des airs de possédée, y est la pointe d'une transe provoquée par cette méthode arracheuse. Pialat disait qu'elle jouait mal et il avait raison, mais ce jeu défiguré, craché par un corps ivre de son rôle, est précisément ce qu'il est venu chercher en attisant la rivalité entre l'actrice vieillissante (qui tourna vingt ans plus tôt dans son premier court métrage de

30. Dans *Jean Renoir le patron* de Jacques Rivette, en 1966.

31. Alain Philippon, «Description d'un combat», *Cahiers du cinéma* n° 397, juin 1987.

fiction, *Janine*, avec Claude Berri) et Sandrine Bonnaire qui prête à Suzanne son arrogante jeunesse. Le registre n'est pas plus naturel que celui de la mère mourante dans *La Gueule ouverte* – il est semblablement horrifique. Et la présence de Pialat dans le rôle du père n'est évidemment pas étrangère à cette humeur de séance d'exorcisme que le tournage a versé dans la fiction. Interrogé au moment de la sortie du film, Dominique Besnehard, qui joue le frère de Suzanne, a ce mot éloquent au sujet du personnage de Pialat : «Son jeu, ça rappelle un peu Michel Simon, ou des personnages comme ça un peu voraces. Parce qu'en même temps, il dit des choses dures, il a un regard parfois méchant, et en même temps dans ce regard il y a toute la tendresse qu'il veut pas montrer. Son personnage est complètement... plus qu'attachant, il est arrachant.»[32]

*

Ce qu'il s'agit d'arracher en priorité, et les acteurs de Pialat l'ont maintes fois expliqué, c'est la démarcation située d'ordinaire entre le tournage et la vie. Parfois, comme chez Cassavetes mais de façon moins appuyée, le visage des figurants devient l'instrument de mesure de ce flottement – ici les ouvrières de l'atelier familial, témoins embarrassés des empoignades. Car il y a un vivier profond de réalité dans la panique minuscule qui s'empare d'eux sitôt que les émotions crues de la scène paraissent excéder la fiction. Est-ce qu'on joue encore?

32. Dans un reportage pour l'émission *Étoiles et toiles* en 1983.

Est-ce qu'on ne joue plus? Les figurants ne sont pas les seuls à être soulevés par cette panique d'enfant : il faut voir le regard désemparé que Besnehard, pendant une fraction de seconde, jette en direction de l'équipe de tournage quand Pialat envoie brutalement valser Evelyn Ker au cours d'une ultime scène de conflit.

*

La violence, cependant, n'est pas le seul moyen; parfois la petite panique vient d'elle-même, causée par l'inexpérience et cueillie par Pialat comme un trésor. Dans la belle scène de mariage de *L'Enfance nue*, deux figurants un peu âgés entament une valse, mais leur trac les fait commencer de danser avant qu'on ait lancé la musique, et pendant quelques secondes il n'y a que le bruit de leurs pas sur le lino, leur gaucherie sublime, la vie nue de leurs visages et de leurs gestes embarrassés.

*

À nos amours est un succès : près d'un million d'entrées et le césar du meilleur film. Pialat est au centre du cinéma français. Dans le classement des dix meilleurs films de l'année établi par les *Cahiers du cinéma*, son film est en tête, *ex æquo* avec *L'Argent* de Robert Bresson. Dans le classement établi par Pialat lui-même à la demande des *Cahiers*, on trouve Bresson, Godard, et *Rambo*.

*

Police, 1985 : une expérience. Expérience d'un film très produit, riche, et attendu, tout ce que n'ont pas été les précédents. Expérience de tournage, aussi – en studio, ou presque. Le service de police judiciaire où officie le commissaire Mangin ainsi que la plupart des intérieurs ont été construits dans un ancien parking de la rue des Pyrénées, dans le vingtième arrondissement de Paris. Un studio pour Pialat, qui n'a jamais tourné qu'en décors naturels, mais le studio est planté au milieu du monde qu'il décrit : le territoire de Belleville au milieu des années 80, ses bistrots, ses flics blancs et ses voyous arabes. Sur le plateau du journal d'Yves Mourousi où il est venu faire la promotion du film, Pialat explique : « Le titre, que l'on m'a assez reproché et que maintenant on trouve très bien – je sais pas si le public va le trouver bien, espérons-le –, il annonce la couleur : *Police*, en principe, c'est un policier. Encore que "Police", on connaît l'étymologie, ça veut dire la ville. »

*

Expérience de mise en scène, enfin. Car ici tout est affaire de territoires, chacun étant la banlieue de l'autre, de part et d'autre d'une frontière étanche : flics/voyous, hommes/femmes, « Gaulois »/Maghrébins. Entre territoires, on se regarde (en chiens de faïence), mais il est interdit de se toucher : la jeune flic stagiaire interprétée par Pascale Rocard l'apprend à ses dépens, devenue la risée de ses collègues quand, par une étourderie cocasse après avoir salué tout le monde à son arrivée, elle serre aussi la main d'un voyou en garde à vue. Interrogatoires, rencontres au parloir, face-à-face imposent à Pialat la solution du champ-contrechamp, jusqu'ici plutôt étrangère à ses films.

*

Mangin : «Tu sais ce qu'ils disent, les Arabes? Il n'y a que les montagnes qui ne se rencontrent pas.» Oui mais justement : ici chacun est une montagne, chacun est pétrifié dans le rôle que lui donne l'organisation de la ville, de la tradition ou des sexes.

*

Et dans ce monde où il n'est permis que de se regarder, banlieue contre banlieue, montagne contre montagne, Pialat fait jouer les mains de Depardieu. Le commissaire Mangin est tout en mains, comme un animal qui cherche le contact («une espèce de lion qui tourne en rond», dit Depardieu), flairant en vampire le cou de Noria (Sophie Marceau) quand il l'interpelle la première fois, palpant la moindre collègue flic – un peu satyre, un peu enfant implorant la tendresse. Une précédente version du scénario, rédigée par Catherine Breillat et inspirée d'un roman noir américain, s'appelait *L'Étreinte*.

*

Pour le rôle, Depardieu dit s'être inspiré de Pialat. De fait, Mangin qui s'épuise à essayer d'abattre les frontières, c'est la méthode Pialat mise en fiction dans un polar : un type qui creuse un trou pour essayer de trouver un peu de vérité. Mangin est le grand abandonné errant du cinéma de Pialat : il traîne dans la même solitude bleutée que Dominique au début de *Loulou*. Sa femme est morte d'une maladie de peau.

*

Par amour pour Noria (la montagne la plus solide, imprenable, «comme une tour fermée»), Mangin trahit sa morale de flic en rendant leur butin aux dealers qui la menacent. «C'est le monde à l'envers», rigole le caïd de la bande. Quand vient la fin du film, le monde de *Police* tourne tellement à l'envers que c'est Mangin qui est interpelé à son tour, par une petite frappe pas rancunière à qui, plus tôt, il a cassé le nez. Le type le hèle depuis le comptoir d'un bistrot de Belleville, il veut trinquer parce que, voilà : il va être papa. «C'est un mâle», se félicite le truand pas bien méchant, qui a choisi d'appeler son fils Vincent. Il avait pensé aussi à Stéphane, mais il trouve que «ça fait un peu pédé». Vincent est le deuxième prénom de Mangin, qui fait cette précision avec des yeux tristes. Les deux mâles trinquent, flic et voyou, communiant dans leur misère d'homme, puis Mangin rejoint

Noria, qui l'abandonne. «J'aime les hommes», dira Depardieu dans l'émission de Mourousi. Pialat aussi, même s'il leur préfère les femmes, qui font des montagnes plus solides. Si Mangin a les yeux tristes, c'est, bien sûr, parce qu'il n'a lui-même pas d'enfant.

*

Bernard Fuzellier, qui joue le voyou du bistrot, verra bel et bien naître son fils, Vincent, deux jours après la fin du tournage. Depardieu, à sa demande, en sera le parrain.

*

Quand, en 1987, Pialat tourne à Montreuil-sur-Mer son adaptation du premier roman de Bernanos, *Sous le soleil de Satan*, la télévision en fait des reportages, venus respirer la «réputation sulfureuse» qui fait sa légende désormais célèbre. On tend le micro aux gens du cru ayant joué un petit rôle dans le film, et à Mademoiselle Mazière, 82 ans, qui a logé dans sa maison Pialat et son équipe. La journaliste insiste derrière le micro, mais la vieille dame n'a rien vu de tout ce que suggère la réputation sulfureuse. Elle a trouvé tout le monde très gentil, en particulier Pialat qui a passé beaucoup de temps à discuter avec elle, comme il avait discuté des heures à Lens avec les vieux de *L'Enfance nue*.

*

Un autre reportage, magnifique celui-là (on le doit à *Cinéma, Cinémas*, l'émission de Claude Ventura), documente le cinquante-cinquième jour de tournage. Une scène est en train de se régler, avec difficulté : la mère de Mouchette doit frapper Donissan, qu'elle tient pour responsable de la mort de sa fille, mais l'actrice, une pharmacienne de Montreuil-sur-Mer, ne peut se résoudre à frapper Depardieu. Alors Pialat, qui a sur lui la soutane de son personnage de curé, s'y colle sur les conseils de Depardieu, et demande à l'actrice de lui donner un coup de poing. De nouveau elle échoue, cognant mollement l'épaule du cinéaste, qui insiste : «C'est dans la gueule ! Il faut y aller ! Il faut que je me rende compte de ce que ça donne.» Encore un échec : la pharmacienne, au bras engourdi par la gêne, donne un coup de travers dans la mâchoire de Pialat, avec un «ploc» ridicule, douloureux pour lui mais invisible pour la caméra. Tout le monde rit. Pialat : «Elle sait pas taper, hein !»

*

La scène bouclée, Depardieu prend le temps d'une interview dans un coin de l'église où se tient le tournage. Comme souvent, il dit maladroitement des choses lumineuses, sur Pialat et sur le cinéma en général. Il est, à cette époque, la plus grande star du cinéma français. À Claude Ventura, il parle de sa boulimie de travail, de son poids qui lui fait honte, de Cassavetes qu'il admire. Pour jouer bien, lui qui joue un peu trop souvent, il a besoin d'une chose : «Il faut vraiment que je sois dans des mains d'auteur.»

*

«Nous bûcherons, modeleurs, peintres de la figure de l'homme et de la figure de la terre, nous restons les amis de la noble pesanteur.»[33]

*

Plutôt qu'avec l'histoire de Mouchette, comme l'avait fait Bernanos, Pialat choisit d'ouvrir le récit par la conversation qui voit le doyen Menou-Segrais signifier à Donissan sa vocation de saint. Réunissant donc Pialat lui-même dans le rôle du guide et Depardieu dans celui de l'abbé dont il forme le destin, cette première scène invite naturellement à y voir un traité du personnage, et de la relation que noue un cinéaste avec son acteur. Pialat l'a pensé plus simplement que ça, lui qui fuyait le cinéma intellectuel : il a seulement voulu commencer le film en tenant son acteur dans ses mains – c'est d'ailleurs littéralement ce que dira son personnage à Donissan : «Vous venez de vous remettre entre mes mains.» Au premier plan apparaissent le profil droit de Depardieu et la main de Pialat. Donissan est assis à contre-jour, grosse masse d'ombre dans un délinéament de lumière; Menou-Segrais, debout derrière lui, dessine sa tonsure avec un rasoir. Quelques plans plus loin, il lui faudra ramasser

33. Henri Focillon, *Éloge de la main*, Marguerite Waknine, 2015.

l'abbé, tombé à la suite d'un vertige causé par ses trop nombreuses mortifications, et on sent tout le poids du corps de Depardieu dans l'effort de Pialat.

*

Donissan, qui passait chez Bernanos des heures à lire un traité d'incarnation, restera tout le film durant comme un gros bloc d'argile instable, un golem d'autant plus évident qu'on l'a vu d'abord pétri de la main du cinéaste lui-même. Drôle de corps, que sa charpente massive ne retient pas de tomber sans cesse, dans sa chambre ou dans la lande moite – âme de laborieux dans une enveloppe paresseuse. Depardieu, encore : «Dans les films de Truffaut, je respire comme lui, parce que François a cette espèce de perte de souffle. Alors que Maurice au contraire, c'est lourd, pesant...»[34] (Dans la légende juive du Golem, on trouve au front du colosse un mot qui signifie «vérité». Que l'on prive le mot d'une seule lettre, et à la place on obtient «mort».)

*

«En deux mois, soixante-dix tableaux, trente-trois dessins, soixante-six jours, et la mort.»[35]

34. Olivier Kohn et Michel Sineux, «Dépasser l'acte – entretien avec Gérard Depardieu», *Positif* n° 418, décembre 1995.

35. Extrait du commentaire, écrit par Pialat, du court film documentaire qu'il consacrait déjà en 1966 aux derniers mois de Van Gogh à Auvers-sur-Oise, pour la collection «Chroniques de France», produite par Pathé pour le ministère des Affaires étrangères.

*

Après le corps de Donissan, celui du Van Gogh de Pialat est une brindille sèche d'où peut s'échapper une force brutale et comme remontée du sol. À cette force, une réplique rend hommage, où il est tentant de voir un autoportrait du cinéaste : «Vincent, c'est une succession de moments de faiblesse, mais au bout, quelle force!» Mangin errait dans les limbes, Donissan plongeait dans la mort : Van Gogh, lui, en revient (puis y retourne). De la même manière qu'il reprochait à Évelyne Ker un jeu outré dont il était pourtant la cause, Pialat se plaindra de ce que Jacques Dutronc joue Van Gogh comme un «zombie» alors que c'est bien lui qui filme un spectre. Quand à la fin le peintre est au bord de mourir, d'une balle logée dans le ventre (et non dans la poitrine comme en attestent ses biographes), le docteur Gachet venu l'examiner s'étonne : «La respiration est calme, presque normale. C'est étonnant, on dirait qu'il n'a pas été touché.» Tourné dos à la caméra, recroquevillé et confondu par sa liquette blanche avec le lit où il repose, il donne moins l'impression de mourir que de s'effacer doucement.

*

On le voit rarement peindre, et il est notoire que la seule scène à le montrer un peu longuement au travail, en train d'exécuter le portrait de Marguerite Gachet au piano, déplaisait fortement à Pialat qui trouvait faux les gestes de Dutronc. En revanche, on le voit beaucoup porter ses toiles, larges deux fois comme lui. On le voit nettoyer avec énergie la boîte maculée où il range ses couleurs. Le Van Gogh de Pialat est d'abord un travailleur manuel. Quand il fait dans un champ le portrait de l'idiot, il commence par lui arranger sa tignasse qu'il attrape par poignées d'un geste sec : c'est au personnage qu'il s'agit de mettre la main, plus qu'au tableau qu'on fait de lui.

*

Gachet : «J'aimerais connaître votre technique du roseau taillé.»
Van Gogh : «On taille un roseau.»

*

Et au commencement du film, on le sait : la main de Pialat qui, d'un geste artificiellement ralenti, dépose au pinceau la peinture bleue donnant sa première couleur au film, ainsi qu'un ciel à la toile de Van Gogh. Le ralenti est surprenant de la part de Pialat qui déteste les effets; il est techniquement un peu ingrat, saccadé, signe qu'il ne fut décidé qu'au moment du montage.

*

«Le ralenti a été fait à la Truca. Le son, lui, n'est que le ralenti synchrone du son direct, aucun ajout, pas de mixage savant. C'est tout simple, bien que truqué : seulement la vie qui ralentit, avant de s'éteindre – "Là, on connaît la fin", disait Maurice. Un ralenti pour détailler le geste, le faire comprendre, savourer – volonté didactique en effet rare chez lui. Et puis il y a sans doute aussi dans ce plan l'envie de dire : c'est moi qui peins le peintre qui peint, à la place de ce naze d'acteur qui sait même pas tenir un pinceau. C'est venu comme une évidence : "Et si on mettait ça au début? Ah oui, mais le plan est très court... On n'a qu'à le ralentir." Et puis c'est un plan qui vient à place de : *Un film de Maurice Pialat*. Et enfin il y a comme le délice du trait bien venu : en regardant tous les rushes, c'était le morceau de roi, repérable à l'œil nu, même quand, lassés, on regardait les rushes à l'accéléré. Les bons moments, même s'ils passent trop vite comme dans la vie, on les repère infailliblement, et ce filé de la main, *le* geste de l'artiste, sûr de lui et dominateur, il te saute à la gueule.»[36]

*

Il y a encore autre chose : à la toute fin du plan, quand la main a disparu du champ, l'un des empâtements de peinture fait perler une goutte unique, qu'on voit glisser lentement sur la toile. Le trait de pinceau et la goutte font deux choses : ils rendent la toile vivante; ils dessinent en bleu une plaie, une blessure substituée par avance à celle qui tuera Van Gogh.

*

36. Yann Dedet, monteur de *Van Gogh* (entretien avec l'auteur).

Le 27 janvier 1991, deux semaines après la fin du tournage de *Van Gogh*, Pialat devient père à 65 ans. L'enfant est prénommé Antoine. C'était le prénom du père de Pialat, qui pourtant se faisait appeler Roger. Roger est le prénom que Pialat avait choisi pour son rôle de père dans *À nos amours*.

*

«héritier de la photographie
oui
mais en héritant
de cette histoire
le cinéma n'héritait pas seulement
de ses droits
à reproduire une partie du réel
mais surtout de ses devoirs
et s'il hérita de Zola, par exemple
ce ne fut pas de l'assommoir
ni de la bête humaine
mais d'abord d'un album de famille
c'est-à-dire
de Proust et de Manet»[37]

*

En 1995, *Le Garçu*, l'ultime film de Pialat, dessine une dernière fois et à l'échelle d'un film entier la ligne tracée par *L'Enfance nue* entre les enfants et les vieux. On trouvait encore dans *Van Gogh* cette manière chère à Pialat de

37. Jean-Luc Godard, *Histoire(s) du cinéma*, vol.1, Gallimard/Gaumont, 1998.

résumer la vie par ses deux bouts. D'abord un plan chez Théo, le frère, qui vient d'avoir un enfant avec sa femme Jo : Vincent patiente dans une pièce où l'enfant babille dans son berceau, et le plan ne décrit rien d'autre que ça, le rapprochement d'un enfant tout juste né et d'un mort en sursis. Et dans le plan où Théo et Gachet se lamentent au comptoir de l'auberge, pendant que Vincent agonise sans bruit à l'étage, Pialat a placé aux pieds de Théo une toute petite fille pareillement silencieuse. Dans *Le Garçu*, autour du personnage joué par Depardieu qui a cette fois gardé son prénom, il y a un enfant de quatre ans, et un vieil homme qui meurt. L'enfant est celui de Gérard, joué par Antoine Pialat. Le vieux est son père, qu'il part enterrer à Cunlhat. De part et d'autre du personnage de Gérard, une naissance et une mort, puisées aux souvenirs immédiats de Pialat (Antoine le fils) et à d'autres plus anciens (Antoine le père, mort à la fin des années 70 à Cunlhat où on l'appelait «le Garçu»), mais au milieu une situation que lui-même n'a pas connue, pour avoir eu un enfant trop tard : être à la fois un fils et un père.

*

«*Le Garçu* est un peu à la croisée entre un film qui espère le succès public et un film de famille, avec presque un côté pâté de sable – mais après tout pourquoi pas? Tout va vite avec un enfant. Ça pousse vers la sortie. Je le regarde avec cette peur : jusqu'à quel âge le verrai-je?»[38]

38. Maurice Pialat, cité en 2013 dans le programme édité par la Cinémathèque française à l'occasion d'une rétrospective de ses films.

*

Un pâté de sable : la main, encore. Un film de famille : comme beaucoup de ceux qu'avait tournés Louis Lumière, un siècle plus tôt précisément, et que Pialat découvrit émerveillé en 1966 à l'occasion d'une rétrospective organisée par Henri Langlois à la Cinémathèque française.

*

Pour la première fois depuis *Loulou*, Yann Dedet n'intervient pas sur le montage, confié à Hervé de Luze, le monteur de Claude Berri. Un faux prétexte masque la raison devinée plus tard par Dedet : «Je crois que Maurice n'avait pas envie que nous nous fâchions pour une raison à la fois capitale et non cinématographique : avoir *trop* coupé son fils. Jusqu'à la soixantaine, il s'était cru infertile. Il en parlait, je le savais. Lui qui sabrait la matière de ses films, sans complaisance ni hésitation, n'aurait pas supporté qu'un autre porte atteinte à la chair de sa chair sur l'écran.»[39] Ce qui revient à dire que la chair du film était celle de l'enfant. Un film, un enfant, c'est identique : ce sont des choses que l'on fait.

*

«–Vous disiez tout à l'heure que l'art est toujours inférieur à la vie...

39. Yann Dedet, *Le Spectateur zéro – Conversation sur le montage*, P.O.L., 2020.

– Oui, je ne comprends pas du tout la problématique de T. E. Lawrence dans *Les Sept Piliers de la sagesse*, vous savez : qui faudrait-il sauver en cas de péril, la fille ou la cathédrale? Je regardais un doigt l'autre jour, et je me disais : qu'est-ce qu'une œuvre d'art à côté d'un doigt... Et pourtant ça n'est rien : des tissus, un réseau très simple et très complexe de vaisseaux... »[40]

*

L'enfant qui grandit et le père qui meurt réveillent en Gérard non seulement la peur de sa propre mort (jamais affirmée dans le film mais très présente dans les premières versions du scénario, où il se découvrait malade après un examen IRM), mais plus précisément la peur de ne pas avoir assez regardé. Pas assez regardé son fils, qui grandit sans lui (le couple qu'il formait avec la mère se sépare); pas assez regardé son père, qu'il a laissé vieillir seul à Cunlhat. Autour de ce regret, deux scènes se répondent en écho. Dans la première, Gérard observe son fils qui dort. Allongé dans son dos, il prend soudain dans sa main celle minuscule de l'enfant, la fait tourner entre ses doigts épais, la palpe, s'en émerveille. Plus tard, à l'hospice auvergnat où le Garçu attend la mort, il regarde la main de son père, puis la serre entre les siennes.

*

40. Jacques Fieschi et Philippe Carcassonne, « Entretien avec Maurice Pialat », *Cinématographe* n° 57, mai 1980.

En 1913, une statue fut élevée à Beaune en l'honneur d'Étienne-Jules Marey, qui y était né et qui fut, au même titre que les frères Lumière, l'un des pères du cinéma. Marey y était représenté assis, les yeux penchés sur un chronomètre posé dans sa main, afin de rappeler les chronophotographies qui avaient fait de lui le maître du temps. Mais les années ont fait tomber le chronomètre de la statue, si bien qu'aujourd'hui Marey, pour avoir l'œil sur le temps, ne regarde plus que sa main. En 1888, pour clore une conférence présentant le résultat de ses recherches, il avait présenté un document qui, bien qu'il ne fût pas littéralement en mouvement, peut être considéré comme la première photographie animée de l'histoire. C'était une image de sa main, tour à tour ouverte et fermée en poing.

LES YEUX

Le poing a masqué la main, mais tout de même : c'était un poing. Serré fort, trois fois dressé, dur comme la pierre.

*

«Sur le lit de mort, son beau visage resté intact jusqu'au bout, en dépit de la douleur physique, ce natif de Cunlhat, cet enfant des monts d'Auvergne, a pris les traits d'un vieux chef de guerre afghan nous rappelant ce que doivent être les hommes, DES ROYAUMES INSOUMIS.»[1]

*

L'image de Pialat à Cannes, parce qu'elle offrait un résumé spectaculaire de son tempérament, a un peu trop dispensé de prendre au sérieux les raisons de sa colère. Qu'il y ait dans ce geste une part de jeu («Je ne vais pas faillir à ma réputation», commençait-il, de toute évidence amusé) n'empêche pas qu'il y exprime aussi un sentiment véritable. Ce qui mettait en colère Pialat, c'est que les siffleurs endimanchés n'aient pas vu l'évidence : que son film était bon, certes pas assez, ce n'est jamais assez (les chefs-d'œuvre n'existent pas, disait-il souvent pour dénigrer ses propres films : «C'est le cinéma qui est un chef-d'œuvre»), mais tout de même plutôt meilleur que les autres (soit pour la plupart, autre formule répétée à l'envi : des films «que ça vaut pas la peine»).

1. Discours hommage de Pascal Thomas, reproduit dans les *Cahiers du cinéma* n° 576, février 2003.

*

«On idéalise l'enfance, le vert paradis, mais à l'école, quand je me retournais, je voyais déjà des têtes de cons!»[2]

*

Il y a chez Pialat, répartie entre l'exigence qu'il imposait à ses films et la facétie belliqueuse de ses prises de parole, une obsession de la vérité aussi tenace que sincère. Aussi l'hypocrisie qui, bien souvent, est l'huile nécessaire au moteur des institutions, lui fut-elle plus insupportable qu'à d'autres. On n'imagine aucun autre cinéaste tenir ces propos de 1973, à propos de la petitesse du cinéma français, qu'avait aggravée selon lui l'apparition de la Nouvelle Vague : «Il y aurait pu y avoir en France, pour remédier à cette situation, une école de metteurs en scène venus de la T.V., mais la T.V. étant monopole d'État, personne n'a pu lutter contre sa médiocrité. Pour s'assurer leurs privilèges, les réalisateurs ont créé des corporations au service de l'État et dirigées par les moins talentueux des professionnels. La S.R.F. est la société des réalisateurs qui ne réalisent pas. Comment voulez-vous que ce cinéma ne sombre pas lorsque tous ses critères sont fondés sur la corruption : corruption du stagiaire vis-à-vis de l'assistant, de celui-ci vis-à-vis du réalisateur et du réalisateur vis-à-vis du producteur. Corruption, mort et pourriture, voilà le cinéma français...»[3]

2. Dans les notes rassemblées par Jacques Fieschi et Jérôme Tonnerre en vue du *Garçu*.

3. Stéphane Lévy-Klein et Olivier Eyquem, *art. cit.*

*

Et bien évidemment, puisqu'il y règne une hypocrisie qui lui est plus nécessaire qu'à toute autre institution, la télévision est le lieu où Pialat prend le plaisir le plus évident à planter son épée de vérité. À Mourousi qui le lance sur le thème du mensonge dans *Police* : «Moi aussi je vais être obligé de mentir, parce que si je disais la vérité, elle serait pas rigolote l'émission.» À ce jeu-là, Pialat ne pouvait que finir perdant, pris dans le piège qui, sur les tribunes publiques, condamne toujours les obsédés de la vérité à jouer comme des acteurs la partition de leur obsession, et donc à ne plus être tellement vrai.

*

Il ne faut pas oublier toutefois que ces années-là sont celles qui ont vu le spectacle télévisuel français prendre une ampleur inédite. L'épisode célèbre qui vit Pialat, juste après la Palme et les sifflets, humilier sur son plateau l'animateur William Leymergie, violemment démasqué dans sa condition de laquais, résonnait en cette année 1987 dans un contexte aujourd'hui oublié. Le Festival de Cannes accueillait alors les caméras de télévision dans des proportions nouvelles, si bien que cette présence décuplée faisait l'objet de nombreux débats. On vit même Serge Daney interviewé sur la Croisette par TF1, prié de donner sur le sujet son avis de cinéphile.

Celui-ci fut évidemment lapidaire : «On sait que la télévision a le pouvoir dans le cinéma d'une manière générale maintenant, y compris économiquement, donc il ne manquait plus qu'un petit créneau qui était encore au cinéma, et qui était l'image. L'image, la mise en scène, le glamour, les gens. Et cette année ça a basculé, c'est-à-dire qu'effectivement au niveau de l'image aussi, c'est les gens de télévision qui ont le pouvoir sur l'image de cinéma. Donc voilà, la boucle est bouclée. C'est bien, parce que maintenant que c'est totalement détruit, on va pouvoir voir ce qu'il va se passer.» C'est à ce contexte aussi, et même en premier lieu, que Pialat fait la peau en s'en prenant à Leymergie, et à sa visqueuse insistance sur la participation d'Antenne 2, la chaîne qui l'emploie, au financement du film.

*

Dans un texte commentant pour *Libération* l'esclandre cannois, Daney fit avec beaucoup de justesse le portrait de ce tempérament d'homme et d'artiste, en pointant sa façon «d'entretenir avec tout et tous l'espoir insensé d'une explication définitive»[4]. Toute chose visible doit être montrée, doit être dite : la morale entêtée qui couve sous les saillies de Pialat vaut aussi bien pour ses films (dont les personnages d'ailleurs, tout comme lui, rechignent singulièrement à donner le change, à faire semblant, ou alors mentent pour survivre : Suzanne, Noria). Que tout le visible soit vu : ce pourrait être la

4. Serge Daney, «La place de Pialat», *Libération*, 2 septembre 1987.

formule du naturalisme de Pialat. Naturaliste, il le fut indéniablement, à condition de s'en tenir à la première acception du mot, venue des sciences naturelles et de la physiologie, plutôt qu'à celle imposée par les années 70 et un article de *Télérama* saluant l'avènement d'un «nouveau naturel» au sein duquel, aux côtés de son ami Pascal Thomas, Pialat fut parfois indûment rangé. Rien n'est plus étranger pourtant à ses films, si peu soucieux des apparences ni même parfois de la plus élémentaire vraisemblance, que ce «naturel» qui ne s'efforce que d'imiter la vie.

*

De son naturalisme radical, on trouvera une meilleure définition dans une remarque célèbre de Walter Benjamin, décrivant le cinéma comme une opération voisine de celle du chirurgien, «pénétrant en profondeur dans la trame même du donné»[5]. Il n'est pas étonnant qu'on trouve chez Pialat plusieurs scènes d'auscultation, de l'hôpital de *La Gueule ouverte* au cabinet du docteur Gachet, palpant au début du film le corps malingre de Van Gogh.

*

Mais d'abord, il y eut les fantômes.

*

5. Walter Benjamin, «L'œuvre d'art à l'ère de sa reproductibilité technique», *Œuvres, II. Poésie et révolution*, Denoël, 1971.

«Le hasard de *L'Enfance nue* m'a fait tomber tout de suite sur quelque chose de naturaliste, alors que rien ne me prédisposait à faire ce genre de cinéma. Toutes les tentatives que j'avais faites auparavant en amateur, ça n'était pas du tout ça; c'était très formaliste, sur-réalisant, comme souvent les premières œuvres.»[6]

*

En 1951, avec une caméra payée sur ses deniers de démarcheur commercial, il tourne une première fiction. Huit minutes muettes, filmées parmi les marécages de l'Ain. L'intrigue en est floue, qui voit une femme en imperméable poursuivie dans un bois labyrinthique par un homme qui n'apparaît que dans des images solarisées (Pialat lui-même), pour se conclure avec des images de la Mort, personnifiée en toge noire debout sur un bac, avec les yeux crevés. Pialat y trouve surtout le prétexte de visions fantasmagoriques où parle nettement son goût des films de Dreyer, dans un décor opportun qui lui offre de filmer quantité d'animaux crevés, dont un oiseau que la mort a figé tête en bas sur un fil électrique. Pendant le tournage des *Chroniques turques*, il tombera en arrêt devant la carcasse d'un cheval, que Willy Kurant refusera de filmer. Un autre usage du mot *naturaliste* désigne, il est vrai, le taxidermiste.

*

6. Emmanuel Carrère et Michel Sineux, «Entretien avec Maurice Pialat», *Positif* n° 275, janvier 1984.

« Le problème avec la mort, c'est qu'on ne peut pas voir les réactions des autres quand on est mort. J'aimerais bien y assister. Marcel Duchamp a fait écrire sur sa tombe : "D'ailleurs, ce sont toujours les autres qui meurent." »[7]

*

Faut-il se fier à lui quand Pialat, des années plus tard, rejette ces premières tentatives (il y eut un autre court métrage traversé de moments surnaturels, *L'Ombre familière*) en les mettant sur le compte de cette inexpérience de la vie qui conduit les jeunes artistes à puiser loin d'eux leurs sujets? Pourtant le goût qui le portait alors vers le fantastique ne l'a jamais quitté, et ses films réputés réalistes en garderont ici et là la marque infime. Deux fantômes s'y invitent. Le premier dans *La Maison des bois* : celui de Marcel, annoncé mort à la fin de l'épisode précédent et apparaissant à maman Jeanne, sans un bruit, à travers le grillage d'un poulailler. L'autre est celui de Mouchette, émergeant dans le dos de Donissan qui avait porté plus tôt son cadavre sanguinolent. *Sous le soleil de Satan* est d'ailleurs de plein droit un film fantastique. Pialat l'a dit assez clairement : le roman de Bernanos ne l'intéressait guère comme œuvre chrétienne, beaucoup plus comme moyen de frayer à la lisière du surnaturel. Willy Kurant l'y a aidé avec une inspiration prodigieuse, en inventant pour lui l'étrange nuit américaine, d'un bleu trop clair aux airs de limbe, qui enveloppe la scène dans laquelle Donissan rencontre

7. Thierry Jousse et Serge Toubiana, « Entretien avec Maurice Pialat », *Cahiers du cinéma* n° 496, novembre 1995.

le Diable sur un chemin de campagne. Et bien sûr, il y a la résurrection de l'enfant, cet accomplissement ambigu de la sainteté de Donissan, où l'attirait une fois de plus, près de quarante ans après *Isabelle aux Dombes*, l'occasion d'un dialogue avec Dreyer.

*

« La résurrection de l'enfant, il y croit, il y croit pas. C'est ça, la solution : le doute. On reconnaît là le philosophe, ce type extraordinaire qui, mine de rien, vous envoyait au plafond de la pensée par de longues histoires à tiroirs, ce chemin qui science-fictionne, car qu'est-ce que c'était d'autre pour lui, la philosophie, que de la science-fiction – le miracle (ou la catastrophe) du futur ? »[8]

*

Dans *Le Garçu*, un fantôme de plus, quand à l'île Maurice le petit Antoine ne s'endort pas car il a peur d'un monstre que son père, pour le rassurer, cherche avec lui dans le noir, et alors on entend bel et bien l'écho d'un rire démoniaque depuis le hors-champ – rire humain, sans doute un client de l'hôtel ou un employé, mais Pialat ne quitte pas le plan du père et de l'enfant dans le couloir balayé d'ombres flottantes.

*

8. Yann Dedet (entretien avec l'auteur).

«Maurice, c'est simple, c'est quelqu'un qui regardait sous le lit avant de se coucher.»[9]

*

Le goût des films fantastiques l'accompagnera jusqu'à la fin. Dans la dernière interview qu'il accorde, cinq ans après *Le Garçu*, aux *Cahiers du cinéma*, il s'enthousiasme (c'est évidemment rare) pour un film qui fait alors un triomphe : *Sixième Sens* de M. Night Shyamalan. Parmi les archives léguées par Sylvie Pialat à la Cinémathèque française, on trouve un étonnant scénario de science-fiction daté de 1954, qu'on devine inspiré par la lecture des nouvelles fantastiques alors publiées par Gallimard, ou celle des magazines qu'il lisait avidement quand son père tenait un commerce de journaux. *Les Formes*, c'est son titre, décrit une surprenante invasion extraterrestre dans un paysage de campagne. Quelques chiens d'abord, puis les habitants un à un, sont attirés inéluctablement vers des entités inouïes, translucides mais rayonnant de couleurs jamais vues (ici l'inspiration passe probablement par Lovecraft et sa *Couleur tombée du ciel*), et qui les enveloppent doucement sans qu'ils puissent leur résister. Le scénario, qui prend plutôt la forme d'une nouvelle, se referme avec cette chute splendide : «Les Martiens – puisque c'était eux – prirent la Terre en six jours. Les hommes n'ont jamais été aussi heureux qu'après leur arrivée.»

9. Sylvie Pialat (entretien avec l'auteur).

*

Puis il y eut, donc, la rencontre avec le réel – *L'Enfance nue*. C'est-à-dire : un pas de plus vers le fantastique.

*

«Ce n'est pas faire œuvre de modestie que de dire que *L'Enfance nue* fut réalisé sous l'influence de Lumière. Mais c'est exact. En tournant *L'Enfance nue*, je pensais au *Goûter de bébé*. Lumière filmait-il la réalité? Je ne le pense pas. Dans ses films, des hommes et des femmes, captés par un appareil dont ils ne connaissaient rien, cédaient un instant de leur vie et depuis lors tous les comédiens ont fait de même. Sur le plan du fantastique, Lumière dépasse Méliès. Ces gens, sans le savoir, regardent leur vie. Tout le cinéma est là, dans ce vol de l'existence, dans cette exorcisation de la mort. Ce cinéma est onirique. La sortie des usines Lumière rejette au loin les fades ébauches d'un Fellini. Cette esthétique donne la définition du cinéma : une alchimie, une transformation du sordide en merveilleux, du commun en exceptionnel, du sujet filmé en instant de mort. Voilà ce qu'est pour moi le réalisme.»[10]

*

La rétrospective organisée par Langlois en 1966, et qui marqua tant Pialat, arrachait les films Lumière (depuis longtemps invisibles) d'une histoire de la technique

10. Stéphane Lévy-Klein et Olivier Eyquem, *art. cit.*

pour leur donner enfin la place qui leur revenait dans l'histoire du cinéma. Pialat ne fut pas le seul à être ému par cette découverte. Godard, qui les avait vus deux ans plus tôt à la faveur d'un premier hommage rendu à Cannes, aux côtés de Fritz Lang lui-même ébloui, accompagna l'hommage du palais de Chaillot avec des mots restés célèbres : Lumière n'était pas le père du documentaire ni Méliès celui de la fiction, c'était l'inverse. Méliès filmait «l'ordinaire dans l'extraordinaire» et Lumière «l'extraordinaire dans l'ordinaire». Un an plus tard, dans *La Chinoise*, Jean-Pierre Léaud fait en son nom le portrait de Lumière en «dernier peintre impressionniste» et «contemporain de Proust».

*

Finalement, les Martiens de son scénario de jeunesse cachaient peut-être un traité d'esthétique. Des quidams arrachés à la vie pour se fondre, bienheureux, dans des «formes» : on ne saurait figurer mieux les puissances d'un art embaumeur, fondé sur le vol d'existence. Un autre récit, célèbre et somptueux, fit d'un prétexte également emprunté à la science-fiction l'une des plus belles métaphores qu'on ait pu faire du cinéma : *L'Invention de Morel* d'Adolfo Bioy Casares. À la fin de sa vie, Pialat rêva brièvement d'en tirer un film.

*

Deux ans après la projection de la Cinémathèque, Pépère et Mémère entraient dans le cinéma de Pialat comme les ouvriers des usines Lumière étaient entrés dans celui de leur patron, «sans légende»[11] et dissipés dans l'éternité de leurs fantômes.

*

«Regarde Mémère, je vais te prendre en photo!» : dans la scène de mariage de *L'Enfance nue*, la belle complicité nouée entre François et Mémère la vieille se renforce par la grâce d'un portrait que l'enfant fait de l'aînée avec un polaroïd. François montre immédiatement la photo à la vieille, mais en la tenant étrangement de biais, pour la montrer surtout au spectateur et suivre ainsi, maladroitement, une probable consigne de Pialat. Deux scènes plus loin, Mémère la vieille est morte dans son lit.

*

Mais avant cela, le montage aura usé d'un procédé peu courant dans le cinéma de Pialat. Au plan qui suit la scène du polaroïd, on retrouve François dans sa chambre, faisant jouer sur un tourne-disque l'air de guinguette qui flottait dans la salle du mariage au moment de la photo. La chanson se poursuit dans une rigoureuse continuité, liant les deux scènes avec une douceur étrangère à l'habitude prise par Pialat dès ce premier film de faire progresser le récit par ellipses

11. Walter Benjamin, en 1931, à propos des tout premiers sujets de la photographie : «Ces premiers hommes reproduits entraient dans le champ visuel de la photographie sans antécédents ou, pour mieux dire, sans légende» (*Petite histoire de la photographie*, Allia, 2012).

brutales, et sans facteur de cause à effet. Le lien ainsi dessiné est celui de la nostalgie qui frappe l'enfant dans le souvenir pourtant proche, et délibérément convoqué par la chanson, d'un rare moment de bonheur. Surgit alors Raoul, l'autre enfant de l'Assistance avec lequel François partage sa chambre chez les Thierry. Raoul interrompt sèchement la valse et ses effluves de nostalgie pour passer du Wagner – un air de *Tristan et Isolde*, l'opéra d'amour fou dont Nietzsche chérissait la «très douce et insatiable aspiration aux mystères de la nuit et de la mort»[12].

*

Aux premières notes d'opéra sorties du tourne-disque, Pialat fait de nouveau une entorse à ses propres règles. Non seulement la musique, une fois de plus, persiste en dépit d'un raccord, mais la scène qui apparaît alors en est à peine une : c'est un plan de Mémère la vieille dans son lit, glissé au milieu de la séance d'écoute de Wagner. Sans ouvrir les yeux, la grand-mère allongée cherche à tâtons l'interrupteur en forme de poire, puis son bras, lourd d'une ultime fatigue, retombe sur le lit : plutôt que la lumière, c'est Mémère la vieille qui s'éteint. Dans la chambre à côté, ignorant ce qui vient de se jouer, François raconte à Raoul un souvenir, celui-là plus lointain : sa mère aussi avait un tourne-disque, qu'elle faisait marcher toute la journée. C'était avant qu'elle l'abandonne.

12. Friedrich Nietzsche, «Richard Wagner à Bayreuth», *Considérations inactuelles III et IV*, Gallimard, 1992.

*

Proust, qui adorait lui-même cet opéra de Wagner, consacre un passage du neuvième tome de *La Recherche* au souvenir précieux qu'une photo de sa grand-mère laisse au narrateur. De la photographie en général, il donna un jour cette belle définition : «L'instantané de ce qui dure dans une personne.» C'est à un photographe que l'on doit de connaître ces mots, dénichés dans la correspondance de Proust : à la fin de sa vie, Brassaï s'était passionné pour le rapport fervent qu'entretenait avec la photographie l'auteur de *La Recherche*. Brassaï lui-même fit un jour, à Picasso qui lui reprochait de ne pas préférer la plus grande liberté du dessin, cette description de son art : «Cette soumission me plaît. On a l'œil, mais non la main; on ne peut plus toucher aux objets... On se retire dans la photographie comme dans un couvent.»[13] Dans le scénario du film qu'il entendait consacrer à Proust (en 1966, l'année de sa découverte des films Lumière), Pialat insistait également beaucoup sur la photographie.

*

«Fin : À la recherche de Marcel Proust enfant. Photos en gros plan, enchaînées dans cet ordre, à des vitesses différentes : Mort (51 ans) de face (50 ans) aux tuileries (50) sur le yacht hélène (33) sortant de l'église de St Leu (31) Laon (31) Venise (29) Avec frère et mère (25) Otto (25) Profil

13. Cité par Philippe Lançon, «*La Recherche* en chambre noire», *Libération*, 30 octobre 1997.

gauche (24) chez Mme Strauss (22) cheveux en brosse (22) avec R de flers et L. Daudet (22) Bd de mer (22) Au pied de Jeanne Poquet (21) Otto, Van Bosch, buste face (20) 3/4 gauche en robe de chambre (19) en soldat (19) Philo (10) 1ère (17) 2ème (16) en canotier au parc Monceau (14) avec antoinette Faure (12) Avec son frère (11, 7, et 5 ans)»[14]

*

Dans les maisons qu'habitent les vieux chez Pialat (celles de *L'Enfance nue*, *La Maison des bois*, *La Gueule ouverte*), les buffets sont toujours pleins de photos. Se rappeler la première note d'intention du film : «Les vieux entre deux âges ont toute une génération d'enfants qui s'éparpillent dans les "cadres", sur les napperons : photos de première communion, de régiment, de mariage...» Le buffet et les photos, toutefois, restent dans le fond de l'image, où ils logent comme un cimetière discret. Voilà une chose que Pialat n'aurait jamais faite : des gros plans pour les souligner.

*

(Dans *Nous ne vieillirons pas ensemble*, et sans gros plans non plus, on trouve aux murs de l'appartement de Jean certaines des toiles que Pialat avait peintes dans sa jeunesse. Il ne les a pas suspendues exprès : l'appartement était le sien, du moins toujours celui de Micheline, sa première femme. Mais il ne les a pas retirées non plus. Plus tard, il dira s'être débarrassé de la plupart de

14. *L'Enfance de Marcel Proust*, projet non tourné.

ces vestiges de sa vie de peintre. Sylvie Pialat, sa dernière compagne et la mère d'Antoine, retrouvera après sa mort les tableaux dans leur cave, puis ils seront exposés. Pialat avait ainsi menti deux fois : les toiles n'avaient pas disparu, puisqu'elles étaient au sous-sol, mais aussi dans l'arrière-fond de l'un de ses films, comme les photos de mariage ou de régiment.)

*

Pialat n'a jamais été abandonné. Simplement, quand à Courbevoie, après le départ forcé de Cunlhat (le père avait englouti l'affaire familiale autrefois prospère), la mère dut travailler pour compléter les maigres salaires de son mari, il fut décidé de confier l'enfant aux soins de sa grand-mère, à Villeneuve-Saint-Georges – toujours la banlieue mais à l'autre bout, de l'autre côté de la grande ville. Les parents ne venaient que les dimanches, Pialat avait quatre ans. (Et quand ils le reprennent chez eux, ils sont trop occupés, lui à courir les filles, elle à pleurer – le reste du temps ils s'empoignent.)

*

C'était chose courante alors, par commodité et sans penser à mal, de reléguer les enfants dans cet arrière-pays des maisons de vieux. Dans *L'Enfance nue*, Mémère raconte qu'avant d'accueillir des enfants de l'Assistance, elle avait commencé par garder sa petite-fille, jusqu'à ses deux ans, parce que les parents travaillaient. Les vieux «n'ont pas perdu l'habitude d'aimer» : ce n'est pas l'amour qui manque, et leur foyer de secours n'a rien d'un bagne. Mais grandir chez eux qui ont presque fini leur vie, grandir dans leurs odeurs d'encaustique et de vieilles laines, cerné par les photos qu'ils entassent sur les buffets, obligé de se fondre dans leurs habitudes devenues autant de manies, à l'écart du présent qui n'est plus leur affaire et qu'on n'aperçoit que le dimanche quand les parents viennent en visite, comme rentrés chaque fois d'un grand voyage où il n'y a pas de place pour vous, c'est grandir dans une banlieue de la vie, et apprendre à la regarder de loin, comme une image.

*

«Vieillesse comme récompense, comme marché que chacun considère avoir passé. Ils ont payé pour ça. Payé pour être vieux. Le seul âge où l'on vous fout la paix. Mais quelle paix? Le repos à neuf mille francs par mois. L'isolement dans les vieux quartiers. L'asile. Ils attendent l'heure lointaine qui revient du pays de leur enfance, l'heure où les bêtes rentrent. Collines gagnées par l'ombre. Aboiement des chiens. Odeur du bétail. Une voix connue très lointaine... Non. Ils pourraient tendre la main et palper la page du livre, le livre de leur première lecture.»

*

Ce portrait des vieux par Pialat vient à la fin de *L'amour existe*. Que montre alors le film? Des bouts de square, des bancs vides. Un lent panoramique sur un jardin de banlieue dépeuplé. Et quand le texte évoque le pays d'enfance, on entend remonter par la bande-son l'écho des travaux à la ferme, des chevaux introuvables dans la banlieue déserte, et une voix d'enfant pour suggérer la première et si lointaine lecture. Sans un effet, en ne montant rien que des lieux vides, Pialat fait défiler les fantômes qui errent dans les yeux des vieux.

*

Dans *La Maison des bois*, le fantôme le plus troublant n'est pas celui de Marcel, le fils tué à la guerre et réapparu derrière un poulailler : c'est celui de la maison. Après six épisodes passés dans la douceur sans âge des jeux dans la forêt et des tartines de maman Jeanne, puis le brutal désenchantement amené par la mort de Marcel, l'ultime volet du feuilleton introduit une brusque et surprenante discordance. On a quitté la maison des bois, l'intrigue s'est déplacée à Paris, dans un décor bourgeois aux manières austères où des biscuits servis sur des assiettes en porcelaine ont remplacé les tartines. C'est qu'à la fin de l'épisode précédent, une autre nouvelle était venue accabler Albert et Jeanne, déjà assommés par leur deuil : le père d'Hervé, rentré de la guerre et ayant refait sa vie avec une autre femme que sa mère, avait décidé de le reprendre. Bébert et Michel, les deux autres enfants recueillis dans la maison des bois, étaient déjà partis.

*

Pialat disait ne pas aimer cet épisode, qui d'ailleurs fit une audience nettement plus faible. On peut deviner ce qui contrariait le cinéaste : les six volets précédents, partagés entre leur joie lumineuse de partie de campagne et l'ampleur tragique du dénouement qu'offraient la mort de Marcel et le départ d'Hervé, formaient un tout parfait dessinant un idéal de cinéma populaire, proche des souvenirs que lui-même avait conservés du cinéma d'avant-guerre. L'ultime épisode, situé loin du havre de grâce pour creuser à son égard un douloureux sentiment de manque, ne lui ressemblait que trop. Il fallait que le spectateur, lui aussi, se sente abandonné. Il fallait que la maison le hante, et qu'avec Hervé, il tende en vain la main vers son fantôme.

*

Aux deux tiers de l'épisode, Hervé fugue pour retrouver maman Jeanne, papa Albert et la maison des bois. Il ne les a pourtant pas quittés depuis longtemps, mais à son arrivée la maison semble une ruine vieille d'un siècle. Hervé s'avance dans le silence du grand jardin vidé de ses rires d'enfants et où l'on n'entend plus, souligné par le mixage, qu'un bref et morbide vol de mouches. Loin des joies champêtres qui avaient illuminé le feuilleton, Pialat filme un enfant perdu dans un cimetière, comme celui qu'il avait trouvé entre deux pierres tombales sur une rive du Bosphore au temps de ses *Chroniques turques*.

*

Quand Hervé met enfin un pied dans la maison, elle aussi muette, il commence par saluer une grande photo jaunie posée sur la cheminée, où sourit un enfant qui est peut-être Albert au siècle d'avant, ou alors un quelconque cousin. À l'enfant de la photo, Hervé dit : «Salut le Garçu!» Enfin il trouve maman Jeanne, endormie dans son lit. Puisqu'elle dort, il prend le temps d'une visite au gentil marquis, qui lui avait offert à son départ un roman de Dickens. Quand il revient dans la maison, maman Jeanne est réveillée mais immobile, la voix faible. Depuis qu'Hervé est parti, elle n'a pas quitté le lit, anéantie par son chagrin, et maintenant qu'il est de nouveau là, elle n'a plus la force de se réjouir, pas même de le regarder. Elle évoque les moments heureux, le regard tendu vers le vide. Le bonheur est passé, il ne reviendra pas. «Ouvre les yeux, maman Jeanne!» Elle dit qu'elle ne peut plus.

*

Alors quand Pialat, au soir de sa vie, dira son intérêt pour le film de Shyamalan, il sera permis d'avoir une pensée pour Hervé, l'autre enfant qui voyait les morts.

*

«Vingt-huit novembre mil neuf cent quarante-six
Nous ne vieillirons pas ensemble.
Voici le jour
En trop : le temps déborde.
Mon amour si léger prend le poids d'un supplice.»[15]

*

Après Jeanne viendra Jean, et dans l'écho du prénom on trouvera aussi celui d'une malédiction, que lui toutefois chérira par masochisme : il finira également noyé dans l'image d'un bonheur perdu. Les derniers plans de *Nous ne vieillirons pas ensemble* montrent Catherine heureuse, nageant dans la mer sous un soleil d'été. Cette image en rappelle deux autres. La première de manière évidente, puisqu'en vérité la scène a déjà été vue, presque à l'identique : la différence est que Jean, alors, accompagnait Catherine au milieu des vagues. C'était en Camargue, où elle avait suivi son amant qui, comme Pialat des années plus tôt, venait y tourner un reportage pour Pathé. Instant de joie fugace, l'un des rares, et encore une entorse aux principes du cinéma de Pialat, dont c'est l'unique flashback. L'autre image qui revient à l'esprit est la toute première du film. Le couple est déjà plongé dans une étendue bleue, mais c'est celle des draps de Jean, son lit conjugal où Catherine n'est pas très à l'aise. Lui est à peine visible à son côté, hormis

15 Paul Éluard, «Le temps déborde», repris dans *Derniers poèmes d'amour*, Seghers, 2013.

quelques mèches de cheveux noirs : il est enfoui dans le bleu, comme s'il voulait s'y noyer. C'est exactement ce qui se produira entre les deux scènes de mer : Jean aura été recouvert par le bleu.

*

Le poème auquel Pialat a emprunté le titre de son film fut inspiré à Paul Éluard par la mort de sa femme, Nusch. En remontant ainsi jusqu'aux origines du titre, on est obligé de conclure que Catherine n'a pas seulement quitté Jean : en le quittant, elle est morte.

*

Morte, et ressuscitée dans le souvenir. Parmi les autres poèmes qu'Eluard a puisés dans sa douleur, on en trouve un qui s'appelle «Ma morte vivante». La complainte y détaille les points de contact qui ne réuniront plus leurs deux corps : «Mes mains se sont séparées de tes mains / Mes mains laissent tout échapper.» Pleurant la mort de Catherine, les derniers plans de *Nous ne vieillirons pas ensemble* célèbrent aussi la naissance d'une image. Pour accompagner ce portrait sur lequel vient se déposer le générique, Pialat a choisi l'avant-dernier oratorio d'Haydn, *Les Saisons*, consacré à la Genèse.

*

Le tempérament de Jean, son agressivité molle et dévastatrice ne travaillaient qu'à ça depuis le début : échanger Catherine contre une image. L'image, au moins, serait celle d'un bonheur : des jeux insouciants dans les vagues par un beau jour d'été. Il y a à un moment une scène décisive, autour d'un geste de Jean décrit comme un tournant par Catherine qui affirme : «Je ne te le pardonnerai jamais.» Jean est venu lui rendre visite à la campagne, chez sa grand-mère où elle voulait un peu de temps sans lui. Arrivé le soir à l'improviste, il ne trouve que la grand-mère : Catherine est sortie, un bal est donné dans un village voisin. Elle ne rentrera qu'au milieu de la nuit, ignorant vaguement que Jean est là, qui a attendu des heures, et rumine sur le lit l'image d'une tromperie, et donc la marque d'un abandon. Cette image qu'il désire tant voir, il ira la chercher à la main, au fond de la culotte de Catherine où elle n'est pas. Pialat en voulut beaucoup à Marlène Jobert de l'avoir obligé à filmer la scène au-dessus de leur taille. Il aurait fallu qu'on voie : la culotte, et la main.

*

Le conflit permanent, les séparations et les retrouvailles, tout ce malheur répétitif accumulé scène après scène avait ce but : pouvoir représenter finalement la naissance d'un plan. Car l'image sur laquelle se clôt *Nous ne vieillirons pas ensemble* appartient autant à Jean qu'au cinéaste, qui en revendique la paternité en basculant soudain vers le noir et blanc, et en laissant dans le champ le bord d'un réflecteur venu trahir la présence de l'équipe de tournage. Jean et Pialat ont, il faut s'en souvenir, le même métier, conforme à leur passion commune du regret : ils tournent des images. Pour goûter la beauté saisissante de ce finale, il faut donc se défaire de la première impression, qui invitait à y voir un flashback. Les jeux de Catherine dans l'eau sont en vérité la seule image au présent, le reste appartient au passé.

*

Ce présent est celui que Louis Lumière, avec plus de force que n'en eurent jamais la peinture ou la photographie, avait rendu possible : le présent éternel du souvenir. La naissance de l'image de Catherine à l'extrémité du film, c'est cela avant tout : la naissance du cinéma.

*

Il existe une très belle fable, celle de la jeune fille de Corinthe, rapportée par Pline l'Ancien et utilisée maintes fois depuis pour sa vertu de métaphore de l'origine de la peinture. Pour calmer la douleur que lui cause le départ de son amant, sur le point de faire un long voyage, la jeune fille trace au mur le contour de son ombre, puis demande à son père, qui est potier, d'appliquer un peu d'argile sur l'esquisse afin d'en conserver la forme – ainsi l'objet de son amour restera avec elle. «La scénographie qui donne corps à l'invention du portrait, résume Jean-Christophe Bailly, est un dispositif sentimental : l'image est la retenue de l'absent. (...) L'image, donc, est inventée comme une ombre qui reste.»[16] On comprend mieux l'obsession qu'avait Pialat, et qui sembla si incongrue à son acteur Jean Yanne dont la mélancolie était moins subtile, de ne tourner qu'avec les objets et dans les décors qui avaient appartenu à l'histoire personnelle dont le scénario était tiré. Il fallait qu'il y ait partout ce regret et ce besoin de se souvenir, sans lesquels on n'aurait peut-être jamais pensé à inventer la peinture ni le cinéma.

*

«La mémoire et les films se remplissent d'objets qu'on ne pourra jamais plus appréhender» : c'est ainsi que l'œil remplace la main.

*

«Il me semble qu'il ne serait pas mal de continuer à photographier après la mort, de photographier le cadavre proprement dit, de photographier la suite. Ce n'est pas très drôle, il y a un mauvais moment, le moment de la décomposition, mais après cela il y a un petit long moment, quand les vers se chargent de nettoyer tout très bien, et ensuite cette image : quand les os sont dans la boîte, bien

16. Jean-Christophe Bailly, *L'Apostrophe muette*, Hazan, 1997.

propres, il ne me semble pas que ce soit une image intolérable. Pour moi, je la juge beaucoup plus rassurante, pour l'esprit de celui qui la regarde, qu'une ancienne photographie. Cela, c'est vrai, et n'est pas intolérable. »[17]

*

Que tout le visible soit vu, y compris là où le soustrait d'ordinaire au regard. C'est ainsi que Pialat creusait son trou : aussi profond que possible, et littéralement. Aux derniers jours du tournage de *La Gueule ouverte*, ayant obtenu l'autorisation de la mairie de Tours-sur-Meymont où, à deux pas de Cunlhat, se trouvait le cimetière, Pialat fit déterrer les restes de sa mère, morte quatorze ans plus tôt. L'équipe du film l'accompagnait en partie, puisqu'il était prévu par le plan de travail que le contenu du cercueil soit filmé, ce que fit en effet Nestor Almendros, le chef opérateur du film, sous le regard d'une partie des acteurs qui étaient venus voir, car comment résister. Le plan, de toute évidence, était un prétexte pour voir, il fut détruit dans la foulée (qui a pu croire qu'il serait monté ?).

*

Pialat a donc filmé deux fois la mort de sa mère : une fois comme fiction et une fois comme chose (la mort telle qu'elle est au fond du cercueil, là où aucun œil ne s'aventure à creuser).

17. Francis Ponge, « Tentative orale », *Le Grand Recueil, Méthodes*, Gallimard, 1961.

*

« Et soudain Duras se tourne vers Pialat.
– C'est vrai ce que vous avez fait dans *La Gueule ouverte* ?
– Quoi ? Qu'est-ce que j'ai fait ?
– Que vous avez déterré votre mère et que, comme la tête n'était pas du bon côté pour la caméra, vous avez demandé à un machiniste de la tourner en lui fourrant un tournevis dans l'œil ?
– Oui, et alors ?
– Mais vous êtes un monstre !
– Ah bon, parce que vous êtes sensible à ce genre de niaiseries ?
– Bien sûr !
– Moi, j'appelle ça de la sensiblerie. Vous êtes aussi monstrueuse que moi, il suffit de vous lire pour s'en rendre compte. »[18]

*

Il n'y avait plus dans le cercueil qu'un peu de matière noire, de la boue surtout, quelques restes de vêtements : moins qu'une image. Mais il fallait voir, puisque c'était visible. À l'époque de *L'Enfance nue*, Pialat s'était sévèrement reproché de ne pas avoir reconstitué deux terribles événements survenus tandis qu'il menait son enquête dans le Nord : un enfant s'était suicidé, un autre n'avait été sauvé que de justesse. Le premier fut retrouvé pendu avec la laisse du chien.

18. Gérard Depardieu, *Ça s'est fait comme ça, op. cit.*

*

«Le second, c'est arrivé pendant mon travail. C'est d'ailleurs ça qui est terrible dans notre métier, c'est qu'il y a des choses qui se passent pendant qu'on cherche nos petits trucs, nous. Il a avalé des cachets. Et comment se fait-il – c'est même une question que je me pose à moi, et ça vous arrange peut-être pas que je vienne dire des choses comme ça dans une émission parce qu'habituellement on plastronne un peu – comment se fait-il que moi j'aie éliminé tout ça et que ce ne soit pas dans le film? Parce que peut-être, d'une certaine façon, je cherchais à plaire, je cherchais à faire ma pute...»

*

«Je n'ai pas été jusqu'au bout», disait-il un peu plus tôt dans cette même interview télévisée, qui venait compléter en 1973 la première diffusion télévisée de *L'Enfance nue*. Six ans plus tard, et avant que ne soit choisi le titre, lui-même éloquent, qu'on lui connaît aujourd'hui, *La Gueule ouverte* se sera appelé un temps : *La Mort en face*. Qu'il y ait à la racine de ce naturalisme draconien un esprit singulièrement morbide, c'est une chose plausible qui doit rester l'affaire des psychologues. La morale qu'y ont puisée les films est, en revanche, d'une grandeur à laquelle on trouve peu d'équivalents. Que l'œil fasse jusqu'au bout son travail. Qu'il ne regarde pas pour rien comme ceux «que c'est pas la peine». L'une des premières scènes de *La Gueule ouverte*, faite d'un plan unique, installe à table le fils et sa mère, venus déjeuner chez lui à leur sortie de l'hôpital. Passée l'évocation des souvenirs (principalement les tromperies du père), ils ne trouvent plus rien à se dire et le fils, Philippe, met un disque (Mozart, *Così fan tutte*) puis se rassoit, et la scène chemine ainsi jusqu'au bout de ses douze minutes et demie en nous laissant dans leur silence recouvert par la musique. Il ne s'agit pas là d'appuyer par la durée un sentiment de malaise (ce n'est pas ce que jouent les acteurs, qui semblent écouter paisiblement l'opéra), et encore moins de souligner la durée elle-même pour offrir au spectateur, comme le faisait à l'époque le cinéma d'avant-garde, une expérience du temps. Il s'agit de les regarder, et de fait il a rarement été donné comme ici de regarder des personnages, des acteurs, leurs visages et leurs gestes. Les lits où traînaient les personnages de *Loulou* n'avaient pas une fonction très différente : Mozart comme les lits, ce sont des fonds pour étudier des figures.

*

Il n'y aura pas plus de sadisme à l'endroit du spectateur (mais une pointe certaine de masochisme du côté de Pialat, se sachant faire un film suicidaire après le succès du précédent) quand *La Gueule ouverte* insistera sur les ultimes souffrances de la mère. Il suffit de comparer cette agonie à celle que filmera Michael Haneke des années plus tard dans un film nommé *Amour*, pour démêler justement, entre deux gestes de cinéaste, le camp de l'amour et celui du sadisme. Devant la mère que Pialat filme allongée sur son lit d'hôpital, avec ses pieds nus sagement alignés dont le contour plein d'angles raconte la fatigue d'une vie mieux qu'un dialogue, on penserait plutôt au Christ de Mantegna.

*

Ce don fait par Pialat au spectateur, qui est de rendre à l'usage de son regard la conscience d'un privilège, ainsi que l'exigence qui lui est due, un autre cinéaste l'a résumé avec un titre qui est sans doute le plus beau jamais donné à un film. Ce court métrage, *The Act of Seeing with One's Own Eyes*, tourné trois ans plus tôt dans une salle d'autopsie américaine, offrait lui aussi, sans aucun sadisme, de regarder la mort en face. Son auteur, Stan Brakhage, n'avait pas du cinéma une idée moins haute. Il avait trouvé ce titre simplement, dans l'origine grecque du mot *autopsie* : «l'acte de voir de ses propres yeux».

*

«Le soleil est le plus grand plaisir de l'œil, mais le tue.»[19]

*

Regarder est un privilège qui se paye du prix d'une douleur, puisqu'il est peu de choses qui, regardées, ne

19. Dans le texte, déjà cité, que Pialat consacra à *Hiroshima mon amour*.

soient en plus d'elles-mêmes une image de la mort. C'est à peu près le sujet d'*À nos amours*, caché dans un portrait d'adolescente.

*

Que la jeune fille existe pour être regardée, qu'elle soit par nature une image, est une idée sur laquelle Pialat s'accorde avec la majorité des films qui, depuis le *Monika* de Bergman, ont fait l'étude des filles nubiles. *À nos amours*, ainsi, fait le chemin inverse de *Nous ne vieillirons pas ensemble* en partant de l'image de son héroïne, qu'il encadre comme un tableau : Suzanne à l'étrave d'un bateau qui regarde le spectateur; Suzanne qui répète et joue sa pièce de Musset; Suzanne que les hommes regardent à s'en écorcher les yeux, à commencer par son frère avec son commentaire tout empuanti d'inceste : «Regarde-là, l'autre ! Elle est belle, ma sœur... »

*

Pialat fait dans le même temps l'étude de la jeune fille et celle de tous les regards que son image rend fous. Quand le père finit par abandonner le foyer, Suzanne se retrouve prise en tenaille par une horde de deux. Le frère est un monstre gluant aux yeux mesquins qui parle de la «poignassier», mot admirablement choisi, et la mère toute biturée d'amertume a les bras pleins de meurtre. Une scène montre le frère comme un tueur pervers de film noir américain, glissant le long d'un mur pour lorgner le corps nu et flou de sa sœur à travers le verre dépoli d'une cabine de douche. Quand il la regarde ensuite juste avant de l'empoigner, les yeux luisants d'obscénité, on dirait le tueur au rouge à lèvres dans *La Cinquième Victime* de Fritz Lang. Aussitôt qu'il regarde Suzanne, on sent bien que c'est plus fort que lui, les yeux lui glissent dans les mains.

*

Qu'a-t-elle fait? Suzanne est coupable d'être une jeune fille. Et à ce titre, coupable de deux meurtres : celui de l'enfant qu'elle n'est soudainement plus; celui des parents que l'image de son insolente jeunesse guide cruellement vers le caveau. *À nos amours* explore ainsi la trouble culpabilité qui vient accabler les enfants à l'égard de leurs parents. Pour avoir forcé les autres à voir leur mort en face, Suzanne mérite de mourir, ce qu'elle finit d'ailleurs par souhaiter elle-même à sa manière rétrospective – « Fallait pas me chier ! ».

*

Le plus souvent, le film de jeune fille fait de l'entomologie : il veut voir la chrysalide et le papillon – à l'exception de ceux de Catherine Breillat qui, justement, avaient beaucoup impressionné Pialat. Chez Pialat, la première fois est évidemment passée quand le film commence.

Pas seulement le déniaisement, dont on comprend vite qu'il a déjà eu lieu, mais toutes les premières fois puisque Suzanne, à seize ans, a déjà la maladie des regrets. Elle n'œuvre qu'à regretter, amollie dans sa glu de souvenirs de vacances ou d'amours anciens qu'elle n'avait chassés que pour pouvoir les regretter. Elle est la fille de son père : Pialat.

*

L'ouverture du film, avec le regard caméra de Suzanne, rejoue bel et bien la fin de *Nous ne vieillirons pas ensemble* : on y voit autant un personnage qu'une actrice regardée par un cinéaste. Or, dans le rôle du père, Pialat prolonge cette ambiguïté de l'intérieur. C'est toute la beauté de la scène dite de la fossette, où le cadre nous rapproche doucement des regards qu'ils s'échangent, plus proche des visages (encore une entorse) que le cinéma de Pialat ne l'a jamais été. Pendant que le père voit disparaître son enfant dans la disparition de sa fossette, Pialat, lui, regrette le temps du casting, où Sandrine Bonnaire était encore davantage sans légende. Il avait dit d'emblée : «Ça ne sera jamais mieux sur le tournage, elle ne peut plus faire ce qu'elle a fait la première fois. Ce que je voudrais, c'est mettre ça dans le film.»[20]

*

20. Pascal Mérigeau, *Pialat*, Grasset, 2002.

C'est une différence majeure avec Bresson, dont pourtant Pialat hérite beaucoup et qui lui aussi poursuivait le rêve d'une virginité totale de l'acteur. Mais Bresson avait un tempérament à s'imaginer recommencer le cinéma. Celui de Pialat l'invite plutôt à pleurer la magie perdue des commencements. Répéter que c'est le cinéma qui est le chef-d'œuvre, et non les films, c'est avant tout une manière de dire que le chef-d'œuvre est passé. Rien de bien depuis le train de La Ciotat et Andrée Lumière qui prend son goûter un jour de grand vent : Pialat n'a cessé de le répéter, d'interview en interview. La première fois est irrémédiablement perdue, pour le cinéma, pour l'actrice, pour Suzanne qui dit quand un garçon lui plaît : «Ce qu'il y a de bien avec toi, c'est que c'est comme si c'était la première fois.»

*

De cet inconsolable regret des premières fois surgit une nouvelle culpabilité : celle de n'avoir pas assez regardé pendant qu'il était encore temps. Culpabilité des adultes, après celle des enfants, et ce sont ces deux culpabilités que met face à face la scène de la fossette, où Suzanne voit la mort de son père dans ses yeux jaunes, et lui le rapt, par la jeune fille qu'elle est devenue, de l'enfant qu'il adorait et qu'il n'avait pourtant pas quittée des yeux – «Il avait peur qu'on la kidnappe», se souvient la mère. Dans *Le Garçu*, le père incarné par Depardieu finira hanté par cette inquiétude de ne pas regarder suffisamment son fils. Le scénario, qui prévoyait d'abord de faire mourir son personnage, le gardera finalement vivant mais irrémédiablement blessé par ce doute. Dans *À nos amours* aussi le père devait mourir, et on sait par quel tour de force il est finalement revenu, comme un fantôme, au milieu d'une scène de dîner où tous les acteurs croyaient son personnage enterré.

*

On le verra pourtant bel et bien mourir. Pialat suggère sa mort dans un raccord extraordinaire, dont l'effet rappelle le vertige du travelling de *L'amour existe.* Le père accompagne à l'aéroport sa fille qui part en Amérique. Quand il reprend le bus dans l'autre sens, le montage alterne entre son propre visage et celui de Sandrine Bonnaire qui, dans son avion, se penche vers le hublot. Le ronronnement du bus et le bourdonnement de l'avion finissent par se confondre, et l'impression est très grande alors de voir Suzanne regarder son père, comme penchée par-dessus le raccord. Soudain Pialat a disparu : l'ombre d'un tunnel a rempli de noir son côté du montage. Puis le film repasse du noir au visage de Suzanne, dont les yeux ne regardent donc plus rien : plus rien qu'un écran noir, comme un trou.

*

Pour la promotion de *Police*, une étrange campagne fut organisée à Paris. Quelques bus avaient été repeints aux couleurs des fourgons de police, et on documenta à la télévision le trouble qui devait saisir alors les passants, et surtout les usagers du bus qui n'osaient plus y monter. Cela ressemble à une farce cruelle : soudain l'œil de la police est partout, qui vous dévisage au coin de la rue. On ne sait s'il en fut l'instigateur, mais Pialat a dû jubiler, lui qui longtemps avait brandi la menace de réaliser un film sur l'Occupation pour faire le portrait d'une France veule, remplie de collabos déguisés *in extremis* en résistants. Et c'est la même malice qui transpire sous le générique de son film, résumé à un bref carton après que le logo de la Gaumont a pulsé dans son décor cosmique. «POLICE», en lettres épaisses et noires, sur un fond neutre seulement barré dans un coin par un bandeau tricolore qui fait ressembler le tout à une carte de flic, si bien qu'au lieu de vous accueillir le film vous gueule : «Vos papiers!»

*

Mais il y a là autre chose qu'une farce. Car le plan qui ouvre le film après le carton et qui semble en être le contrechamp, prend toute la mesure de la violence subie par celui sur qui se pose l'œil de la police. Un homme, maghrébin, moustachu, assis et cadré sous les épaules, personnage secondaire pour le film et visage inconnu pour le spectateur, transpire d'une trouille muette qui déshabille sous nos yeux son beau visage d'enfant. En un plan unique et silencieux, Pialat, qui rêva un temps d'adapter *La Chambre bleue* avec Catherine Deneuve, montre «l'homme nu» qui était cher à Simenon. Et si celui-ci semble aussi nu, c'est qu'il est déshabillé deux fois : l'une par le commissaire qui l'interroge et que révèlera bientôt, mais pas tout de suite, le contrechamp; l'autre par la caméra. Il est rare au cinéma de voir un seul plan, *a fortiori* le premier d'un film et sur un personnage dont l'histoire n'a pas été racontée (elle ne le sera pas vraiment au-delà des questions du commissaire), suffire à dessiner un portrait aussi vivant et saisissant d'humanité.

*

La force inouïe de ce portrait est due à ce que Pialat, en même temps qu'il arrache toute la vérité que lui offre un instant de tournage (le malaise, sensible derrière celui du personnage, de l'inconnu ramené là par un casting sauvage), non seulement ne cherche pas à cacher la violence exercée par la caméra, mais la désigne même clairement en assimilant l'œil du cinéma et celui de la police. Aux accusations de cruauté auxquelles sa légende le condamnait parfois, il fit un jour cette réponse parfaitement claire, évoquant une scène de *L'Enfance nue* : «Bien sûr, la cruauté est alors inévitable parce que la caméra en sait, en prend toujours davantage que vous. Mais c'est le cinéma qui est en cause, pas le cinéaste.»[21]

21. Entretien de Michel Fauré et François Favre avec Maurice Pialat, *art. cit.*

*

Inauguré avec cette violence que poursuivront d'autres interrogatoires, le film glissera à mi-parcours vers une douceur que rien n'annonçait, un étrange flottement venu arrondir les arêtes du récit mais également de la mise en scène. C'est un glissement vers la nuit. Elle s'infiltre comme un brouillard pour faire oublier les néons blafards du commissariat. Et il y a là en vérité un autre genre de violence. Cette fois, c'est le commissaire Mangin qui la subit. Une vie d'interrogatoires avait fait de lui l'empereur du face-à-face, l'homme du contrechamp, et le voilà dans sa voiture envahie par la nuit, installé côte à côte dans le même plan avec Noria dont il est tombé fou amoureux, vulnérable comme un enfant, ne sachant plus quoi faire de ses mains ni où mettre ses yeux.

*

L'issue, alors, ne pouvait que rejoindre celle du film précédent, c'est-à-dire laisser Mangin tout seul face à un contrechamp manquant. Pialat et Dedet ont fait, pour conclure *Police*, un choix singulièrement audacieux. Après que Noria, qu'il vient de sauver et qu'il retrouve dans sa voiture, refuse son amour et lui annonce qu'elle part, quelques images montrent Mangin qui marche dans Paris, sous la complainte de la *Symphonie n° 3* de Górecki. On le retrouve ensuite chez lui, déboutonnant sa chemise, son regard appelé par le hors-champ, et soudain l'image se fige (comme celle de Suzanne dans *À nos amours*), avalée par le noir du générique qui interrompt ce qu'on avait pris pour l'amorce d'une nouvelle scène. Ce plan de Mangin aux yeux vagues et malheureux vient en fait d'une scène qui n'a pas été retenue. On peut la voir aujourd'hui, commentée par Yann Dedet sur l'édition DVD du film. Le regard de Depardieu, y apprend-on, était tendu vers quelqu'un plutôt que vers le vide.

*

Mangin, endormi sur son canapé après le départ de Noria, y était rejoint par un personnage aujourd'hui introuvable dans le film, sa femme de ménage d'origine yougoslave. Venue faire son travail, elle comprend immédiatement la situation de Mangin, qu'elle apaise avec des gestes maternants qui glissent doucement vers la sensualité. Son visage est robuste et ses doigts tremblent légèrement. Mangin se frotte comme un chat sur ses pommettes saillantes, consolé par sa beauté noble et un peu secrète, et par sa voix qu'un accent prononcé enveloppe de chaleur. Alors la femme se lève pour aller prendre une douche, on comprend qu'ils vont faire l'amour et que ce n'est pas la première fois. Mangin la regarde partir, retire sa chemise : ce plan-là est le dernier de *Police*. L'extrême délicatesse de cette scène dit quelle impérieuse nécessité il y avait pour Pialat dans son choix d'y renoncer. Il fallait que Mangin reste le plus seul des hommes, et que ses yeux tombent dans le vide.

*

«Louis a quitté la police. Il tient un bistrot en banlieue. Elisabeth le tient complètement en main. C'est elle la patronne.

ELISABETH

J'aime pas qu'il soit tout seul dehors, va voir ce qu'il fait.

Louis sort sur le pas de son bistrot. Deux, trois bambins jouent dans le caniveau à une centaine de mètres, tandis qu'un camion dévale la route.

LOUIS

Henri!

Un des gosses lève la tête.

CUT»[22]

*

Ne pas avoir regardé assez puis finalement se retrouver l'œil dans le vide, sans plus rien à regarder : à ce supplice qui tourmente les grands abandonnés de Pialat, *Sous le soleil de Satan* répond par un calvaire inverse. S'il y a une chose au sujet de laquelle son adaptation de Bernanos est fidèle, c'est celle-là : Donissan est un voyant, son martyre est celui de son œil. Le film l'y accompagne, un peu voyant lui-même. L'étrangeté de la nuit américaine composée par Willy Kurant pour la rencontre avec le Diable tient à ce que son bleu, trop bleu, ruine d'emblée le principe d'illusion qui consiste à faire passer, au moyen d'un filtre, une scène de jour pour une scène de nuit.

22. Dernières lignes de *L'Étreinte*, scénario de Catherine Breillat d'après *Bodies Are Dust* de P. J. Wolfson, et première version de *Police*.

La séquence nous fait ainsi littéralement voir à travers la nuit, perçant la pénombre qui, censée envelopper les deux personnages, occupe leur conversation mais reste pour nous introuvable. La rencontre entre Donissan et celle dont il verra «l'âme à travers l'obstacle du corps», c'est-à-dire Mouchette, relève d'un semblable tour de magie. Elle a lieu, en effet, avant même que le récit ne mette leurs personnages en présence l'un de l'autre. Occupé à faire communier ses paroissiens, Donissan lève soudain les yeux, et le montage fait surgir un plan de Mouchette, donnant l'impression d'un contrechamp alors que c'est une autre scène qui commence, dont l'abbé est absent. Cela fait deux fois, après *À nos amours*, qu'un personnage désireux de voir a le regard penché par-dessus un raccord.

*

Quand, ayant accompli son miracle, l'abbé voit son martyre prendre fin en mourant dans le confessionnal, c'est tout naturellement que son guide Menou-Segrais, découvrant sa dépouille, commence par fermer ses yeux restés ouverts. Car c'est le premier geste qui vient, avant la caresse sur la joue : Pialat clôt les yeux du personnage de Depardieu, épuisé d'avoir vu. Dans le roman, où la scène n'apparaît pas puisque c'est un autre personnage qui découvre le cadavre, l'abbé mourrait la bouche ouverte, pareille à «une plaie ouverte par l'explosion d'un dernier cri». Ici c'est l'œil qui est béant et que le cinéaste en personne vient refermer. Le confessionnal, percé par un jet de lumière qui vient épouser parfaitement le visage blême du mort, n'est guère plus réaliste que la nuit bleue du chemin de campagne. On y reconnaîtrait plutôt l'aspect d'un autre dispositif, d'ailleurs inventé au même siècle que lui, celui de la chambre noire.

*

«Maurice était un voyant. Il pouvait entrer dans un café, observer les clients quatre ou cinq secondes, puis détailler la personnalité de chacun.»[23]

*

Van Gogh accomplit quelque chose qui relève du miracle, et qui est autant une surprise que l'aboutissement d'un long chemin tracé depuis *L'amour existe*. La surprise tient dans la découverte, au plan final, que cet avant-dernier film n'était pas consacré au célèbre peintre dont il a emprunté le nom, mais à un personnage secondaire, et à travers lui à un nouveau portrait de jeune fille.

*

Le peintre est mort à la scène précédente, englouti par son lit et par les cris de Madame Ravoux qui a mal au pied. On retrouve Marguerite, la fille du docteur Gachet qui est tombée amoureuse de lui. Elle est toujours en

23. Jean-Pierre Duret, ingénieur du son de *Van Gogh*, interviewé par Yal Sadat dans les *Cahiers du cinéma* n° 778, juillet-août 2021.

deuil après un temps que l'ellipse ne permet pas de mesurer. Un jeune peintre l'aborde, venu à Auvers marcher dans les traces de Cézanne et Pissarro. À l'évocation par Marguerite du nom de Van Gogh, il lui demande si elle l'a connu. Marguerite, avec les deux mains, soulève alors le voile de tulle noir qui lui masquait les yeux et dit, comme l'enfant des *Contrebandiers de Moonfleet* : «Oui. C'était mon ami!» Noir du générique. Les premières notes d'une symphonie pour cordes d'Arthur Honegger décollent comme une fusée.

*

«Il ne faut pas faire de retour en arrière comme ils sont faits habituellement au cinéma. Mais nous allons essayer de faire le meilleur retour en arrière qui n'ait jamais été fait au cinéma. La réussite reposera, dans le même plan, sur le jeu de l'actrice qui interprète le rôle de Marguerite.»[24]

*

Dans les années qui suivront la sortie du film, Pialat s'attristera qu'Alexandra London n'ait presque plus tourné depuis sa composition éblouissante dans le rôle de la fille du docteur Gachet. Lui avait tant aimé la filmer qu'il laissa son personnage voler le film à Van Gogh. Quand Marguerite apparaît pour la première fois, elle est en train de s'exercer au piano, dans la position où le

24. Dans une note de travail rédigée par Pialat pendant la préparation du film.

peintre fera son portrait quelques scènes plus loin : un nouvel exercice de jeu, après Suzanne qui s'était présentée en récitant Musset. Et Pialat qui devance son peintre en peignant avant lui son tableau. *Van Gogh* a failli affirmer plus franchement encore cette préférence de Pialat pour un personnage en principe secondaire, puisqu'on songea un moment à l'appeler *La Fille du docteur Gachet*. Quand il s'attela au montage, Yann Dedet proposa même d'ouvrir le film avec cet échange entre Marguerite endeuillée et le jeune peintre, pour dérouler ensuite tout le récit à la manière d'un long flashback. Puisque dans le regard de Marguerite ce plan montrait tout le chemin qui l'avait menée ici, pleine de son amour et métamorphosée de jeune fille en femme, alors il était possible d'éclairer le film entier par lui. Mais l'effet bouleversant du plan de Marguerite aurait été perdu : le pouvoir aurait été pris trop tôt par le visage de l'actrice, et par une histoire qui est en réalité parfaitement inventée (rien ne documente une quelconque romance entre Van Gogh et la fille du docteur Gachet, qui fut pour lui un simple sujet de portrait).

*

«Le "vitalisme" de Pialat est moins une idéologie lourde qu'une façon ferme d'indiquer la direction de la sortie à ceux qui oublieraient que "la vraie vie est ailleurs" et qu'un film n'est pas un squat asphyxié mais avant tout un *lieu de passage*. (...) Car si les personnages *autour* de Dutronc/Van Gogh sont si extraordinaires, si nous les avons aimés avec une sorte de gratitude étonnée ("ainsi donc, c'est encore possible?"), c'est qu'ils portent la trace d'une de ces lois non écrites qui définissent le personnage *de cinéma* : à savoir que c'est plutôt quelqu'un *qui n'a pas que ça à faire.* (...) Les plus beaux personnages "secondaires" du cinéma sont ceux qui, entre deux apparitions à l'image, donnent l'impression d'avoir vécu, pris l'air, pris des couleurs, pris le temps. »[25]

*

Daney, que Pialat intimidait beaucoup (il faut les entendre converser à la radio, comiquement embarrassés par l'estime qu'ils se portent), a eu au sujet de son œuvre des intuitions remarquables, dont celle-ci fut peut-être la plus décisive. Il aurait pu y ajouter que Lumière lui-même avait commencé par filmer des personnages secondaires, de passage sur un quai de gare ou sous le porche d'une usine, et qu'eux non plus, même s'ils faisaient déjà semblant, n'avaient apparemment pas que ça à faire.

*

« Je voudrais faire des portraits qui un siècle plus tard aux gens d'alors apparussent comme des apparitions. »[26]

*

25. Serge Daney, « Journal de l'an nouveau », *Trafic* n° 2, printemps 1992.

26. Lettre de Van Gogh à sa sœur Willemien, le 5 juin 1890, citée dans Jean Starobinski, *op. cit.*

Il faudrait évoquer un à un les personnages secondaires qu'on a vus passer dans les films de Maurice Pialat. Longer patiemment la foule des visages arrachés par sa main à leurs vies anonymes, et couvés par ses yeux aimants. En voici quelques-uns. Ils ne font parfois qu'une brève apparition. Naturellement, il y a surtout des vieux.

Dans *La Maison des bois*, le bedeau hilare qui fait boire aux enfants le petit vin blanc du curé. Pialat a rencontré Henri Saulquin dans un bistrot parisien, à deux pas de la chambre de bonne qu'il occupait alors avec sa fille. On le retrouvera dans *La Gueule ouverte*, à l'hôpital, sous les traits d'un autre vieux, empoignant son fils au-dessus du lit de sa femme malade. Dans *Nous ne vieillirons pas ensemble*, c'est un passant qu'on entend dire : «Vous allez bien, mademoiselle Catherine?»

Deux vieilles dames dans *La Gueule ouverte*. La première fait un bout de conversation au Garçu qui s'occupe à bêcher son potager pour oublier l'agonie interminable de sa femme. Elle parle vaguement des vendanges, ils n'ont pas grand-chose à se dire. Quelques oiseaux meublent leur silence. L'autre dame est une cliente de la boutique du Garçu, à qui il faut peu de satinette pour arranger un édredon : «Si vous aviez quelque chose dans le vert, ou dans le rouge...»

La concierge qui rouspète dans *Loulou* parce qu'André et Loulou qui s'empoignent ont cabossé sa boîte aux lettres. C'est la vraie concierge de l'immeuble, alertée par le raffut, gueulant sur les acteurs. Guy Marchand, habilement, l'intègre dans la scène, dit que c'est Loulou qui paiera.

Dans *Van Gogh*, le grand-père de l'idiot avec ses yeux tout boucanés par la vieillesse et le mauvais vin.

Toujours *Van Gogh*, l'extraordinaire aubergiste, Madame Ravoux avec sa voix de klaxon et son pied meurtri. Avant ce film, Lisa Lamétrie était la gardienne de l'immeuble de Pialat et Sylvie. Elle a tourné depuis une quarantaine de films.

Encore *Van Gogh*, où ils sont nombreux à s'arroger l'attention qu'on croyait due au peintre : le jeune bagagiste que la première scène regarde repartir avec le train, oubliant déjà de suivre le héros de l'histoire; une jeune fille discrète dans le cabaret, elle aussi préférée par la caméra au peintre quand il entonne «La Complainte de la Butte».

Dans *Le Garçu* enfin, les deux nonnes merveilleuses qui chantent au chevet du mort leur chanson de mauvaise messe, à côté de Depardieu qui s'étouffe de rire. Si on regarde bien, l'une des deux nonnes aussi pouffe doucement. L'autre est inflexible, elle tient jusqu'au bout son rôle d'actrice.

*

«Celui qui a analysé et compris la raison des impressions qu'il ressent, celui-là seul est capable de saisir la nature dans ses combinaisons accidentelles... Il faut savoir surprendre la nature sous son meilleur aspect, et dans des conditions telles qu'elle soit susceptible de charmer et d'émouvoir.»[27]

*

Une dernière chose importante, au sujet de l'épilogue et de Marguerite. Après *Nous ne vieillirons pas ensemble* et *À nos amours*, c'est la troisième fois que Pialat termine un film par un portrait de femme. Le vent faisant ondoyer la voilette rappelle justement celui qui avait, à d'autres moments de leurs films, frôlé Catherine et Suzanne. Il convoque aussi le souvenir d'un film de Ford, plus secret que la citation de *Fort Apache* dans la scène de danse au cabaret : quand Vera Miles, dans *L'Homme qui tua Liberty Valance*, fait face aux ruines de la maison où vivait son amour de jeunesse, il y a aussi du vent pour faire trembler sa voilette.

*

27. Louis Lumière, en 1894, dans une plaquette consacrée à la pratique de la photographie et destinée aux familles et aux écoles. Cité par Barthélemy Amengual dans *Lumière, le cinéma*, Institut Lumière, 1992.

Le plan de Catherine à la fin de *Nous ne vieillirons pas ensemble* représentait la naissance d'une image, puisée aux regrets de Jean. Celui de Suzanne dans l'avion était un *memento mori*. Il faudrait même ajouter celui de *Police*, le plan fantôme de la femme de ménage, qui conclut le film depuis les limbes. Avec le portrait de Marguerite, avec l'épiphanie suggérée par le voile relevé et la musique sonnant comme une canonnade, Pialat fait autre chose. Ce n'est pas la genèse d'une image : c'est la naissance d'un personnage. Image, Marguerite l'est d'autant moins que Van Gogh a passé le film à oublier de la regarder. Qu'importe, le film la regarde à sa place. Au fond *Van Gogh* est resté fidèle à l'idée initiale de Yann Dedet : il ne commence vraiment qu'ici, tout le reste n'était que le temps nécessaire à faire éclore, en passant par la figure de Van Gogh, la vie qui palpite sur le visage de Marguerite. Pour la première fois, un film de Pialat se conclut par un signe de grâce. Regarder fut longtemps une douleur. C'est ici c'est une grande joie.

*

Deux choses sont en jeu dans cette joie. La première est une adresse aux femmes. Pialat les a toujours préférées aux hommes, ses films n'ont cessé de le dire, sans les idéaliser. Marguerite l'amoureuse, la toute jeune amoureuse d'un artiste déjà dans la mort, n'est pas filmée en fiancée transie (ce serait plutôt le cas de Cathy, la prostituée, jumelle de désespoir de la Dominique de *Loulou*).

Quand elle parle de son art à Van Gogh, c'est la seule à dire des choses vraies, et utiles – sur sa paresse ou ses plaintes égocentriques de grand abandonné. La seule qui aurait pu l'aider à peindre, bien plus en tout cas que son propre père avec ses flatteries de courtisan. Dans l'éloge que fait Pialat de Marguerite, il y a, voulu ou non, un hommage aux femmes qui ont accompagné, souvent simultanément, sa vie d'homme et sa vie de cinéaste. Micheline qui fut sa première femme, et aussi associée à la production de *La Gueule ouverte*, *Passe ton bac d'abord* et *À nos amours*. Arlette Langmann, de tous les postes à moins de trente ans, scénariste, monteuse, jusqu'au début des années 80. Sylvie Danton enfin, Sylvie Pialat qui est aujourd'hui productrice, rencontrée sur le tournage d'*À nos amours*, coscénariste de *Police*, adaptant seule ensuite le roman de Bernanos. Quant au *Garçu* où jouait son fils, il lui arriva de le diriger à la place de Pialat, qui ne l'a pas caché. Un émouvant témoignage voit Gérard Depardieu évoquer leur dernière entrevue, où Pialat aurait conclu que la seule raison de vivre était de «faire attention aux femmes».

*

L'autre chose qui s'affirme avec cette joie de regarder Marguerite, c'est, dans un film que Pialat n'ignore pas être l'un de ses derniers, quelque chose qui pourrait ressembler à un art poétique, une définition de son art en tout cas plus profonde que l'autoportrait au pinceau, un peu trop évident, ouvrant le film à l'autre bout. Le portrait de Marguerite, dédié à la joie de regarder, dit : voilà ce que peut un cinéaste, voilà ce qu'il fait. Le peintre, pour faire un ciel, a comme outil sa peinture bleue. Le cinéaste fait un personnage avec un visage d'actrice. Par une formule vouée à devenir célèbre, Ludwig Wittgenstein écrivit un jour : «Le miracle, esthétiquement parlant, c'est qu'il y ait un monde.» Le miracle du cinéma, dit à son tour *Van Gogh*, c'est qu'il y ait Marguerite.

*

Pialat est au soir de sa vie, il le sait, ça le hante. Ses films ont creusé plus profond qu'aucun autre, et *Van Gogh* d'un geste inverse a puisé dans un visage de jeune fille l'élan d'une exceptionnelle élévation. Ayant parcouru un tel chemin, il pouvait maintenant faire un film pour lui seul.

*

«Très peu de temps avant *Nous ne vieillirons pas ensemble*, j'avais pensé m'acheter du matériel 16 mm pour pouvoir tourner librement quand l'envie m'en viendrait. J'aurais eu ma caméra à portée de main en permanence. Je voulais faire une sorte de journal qui se serait intitulé "Les gens que j'aime".»[28]

*

28. Stéphane Lévy-Klein et Olivier Eyquem, *art. cit.*

Avec *Le Garçu*, le corps épaissi de Depardieu accueille les derniers regrets de Pialat. Ces regrets sont en miroir : n'avoir jamais vraiment connu le pays où il est né; avoir trop peu de temps devant lui pour regarder suffisamment son fils, Antoine. Antoine, l'enfant tardif, c'est à la fois la joie neuve de regarder et la douleur.

*

«Quand on sait regarder un enfant très jeune et que, encore sans langage, il nous parle, on ne peut pas s'empêcher de penser qu'il y a un espoir. Il faut apprendre à regarder notre enfant. C'est le sujet de ce film.»[29]

*

Ce ne sera pas exactement le sujet, même si, quand il ne s'occupe que de regarder Antoine, bercé par ses babillages auxquels il laisse libre cours, le film est plein de cet espoir nouveau. L'idée de filmer son fils est apparue à Pialat très tôt, l'enfant n'avait que quelques mois : il voulait filmer l'émotion indescriptible qui l'avait étreint une fois où il le regardait, il voulait donc faire un film impossible. L'épisode qui montre Depardieu épiant son fils pendant une sortie organisée par la crèche est une histoire vécue. *Le Garçu* est donc un film qui, comme *À nos amours* avant lui mais nourri par une paternité enfin vécue, montre le miracle des premières fois à travers la malédiction symétrique qu'il réveille. Voir un enfant

29. Extrait d'un document de travail du *Garçu*.

qui apprend à vivre, dans la joie continue des premières expériences. Mais savoir aussi qu'on le regarde pour l'une des dernières fois parce que la fin approche. Antoine, dans *Le Garçu*, est le point de rencontre des miracles du cinéma de Pialat et de leur incurable mélancolie.

*

Il existe une photo magnifique de Pialat et son fils, datée de 1995, sûrement prise sur le tournage du film[30]. Antoine semble à bout de force, ses yeux sont remplis de cette brume typique qui envahit le regard des enfants quand ils sont épuisés par leurs jeux. Il est emmailloté d'un gros blouson, ainsi que du bras de Pialat, dont la main jouxte son visage à peine plus gros qu'elle tandis qu'au creux du nid formé par le bras, il l'embrasse sur la joue. On reconnaît dans le geste de Pialat l'appétit qui envahit les parents, et souvent les vieux, pour l'odeur chaude des joues d'enfants.

*

La mort qui vient, *Le Garçu* l'évoque en faisant mourir non pas le personnage de Depardieu, comme le scénario l'avait prévu, mais son père, qui s'éteint dans un village d'Auvergne. Vingt ans après un film consacré à la mort de sa mère, le cinéma de Pialat enterre *in extremis* le Garçu. Il n'y trouve pas que l'occasion de réparer une injustice : après l'avoir évoqué deux fois (dans *La Gueule ouverte* et *Nous ne vieillirons pas ensemble*) mais sans

30. Reproduite dans Serge Toubiana, *Maurice Pialat, peintre et cinéaste*, Somogy/La Cinémathèque française, 2013.

y avoir jamais tourné, Pialat vient filmer enfin le pays d'enfance qu'il a à peine connu. Cunlhat lui semble alors «désert, comme imprégné de mort»[31]. Le personnage de Depardieu n'y trouve rien à dire à son père, qui lui-même ne parle plus. Ils n'avaient de toute façon jamais beaucoup parlé. Trois générations d'hommes et entre eux à chaque fois la même négligence, qu'on admet trop tard. La même pudeur bête, qui est la malédiction des hommes.

*

En filmant Antoine, Pialat approche le miracle des premières fois à travers les yeux de Louis Lumière. Car le cinématographe n'avait pas, pour faire éprouver ce miracle, que l'avantage d'être une technique nouvelle et révolutionnaire. Apparu au tournant du siècle, il avait choisi pour naître un moment où l'on s'enivrait de nouveauté. Élisant comme premiers sujets l'agitation des gares ou les joies domestiques que lui offrait sa propre famille, Lumière puisait au même vivier d'inspiration que les peintres impressionnistes et, d'une manière plus générale, que la société de son temps. Le train, qui fut une passion d'enfance de Pialat en raison d'un grand-père cheminot et de l'éblouissement provoqué par *La Bête humaine* de Renoir, il avait pu le filmer grâce à l'ouverture de *Van Gogh* (l'arrivée du peintre à la gare d'Auvers) à cet âge des premières fois. À Antoine, il revenait d'accompagner Pialat jusqu'aux jardins où avaient

31. Thierry Jousse et Serge Toubiana, *art. cit.*

babillé silencieusement les tout premiers enfants du cinématographe.

*

Louis Lumière eut trois enfants, deux filles et un garçon. L'aînée, éclipsée par le goûter de sa cousine Andrée, apparaît pourtant dans sept des vues tournées par son père, soit deux de plus qu'elle. Dans la vue la plus célèbre de toutes, *L'Arrivée d'un train en gare de La Ciotat*, on l'aperçoit brièvement sur le quai au côté de sa mère. Née tout juste un an avant le cinéma, morte en 1973, elle s'appelait Suzanne.

*

Les définitions proliférantes qu'on a données du naturalisme depuis Diderot ont fait oublier que la racine du mot renvoie au latin *natura*, désignant le fait de naître ou l'action de faire naître. Filmer la naissance d'un personnage, ou les jeux d'un enfant encore pris dans la sienne : Pialat n'a jamais été plus naturaliste qu'avec ses deux derniers films. Les enfants l'avaient de toute façon toujours occupé : ses premiers films, en Turquie ou à Paris, regorgeaient de leurs portraits, saisis sur le vif, repérés au milieu des foules. L'une de ses toiles qu'il préférait était un portrait d'enfant. À l'époque d'*À nos amours*, conversant avec Cyril Collard envers qui il nourrissait une affection très paternelle, il évoquait le fait de ne pas avoir d'enfant : «Je suis sûr qu'il y a une insuffisance dans ma vie tout court, et puis dans cette vie d'un type qui prétend faire des films...» Antoine en naissant fera de lui un père, ainsi qu'un cinéaste complet.

*

Dans la rue de la Poste à Cunlhat, à deux pas de l'endroit où le Garçu avait sa boutique, on trouve aujourd'hui, aussi modeste que ce village qui n'abrite plus qu'un millier d'âmes, une école maternelle Maurice Pialat.

Pour leur aide précieuse, merci à :
Sylvie Pialat, Yann Dedet.

Géraldine Pasquier.

Gilles Veyrat et tout le service des archives de la Cinémathèque française, Robert Gidon, Jean-Luc Zaremba, Bernard Benoliel, Nicolas Anthomé, Anne Huet, Simon Leibovitz Grźeszczak, Charlotte Garson, Marcos Uzal, Fernando Ganzo, Sarah Ohana, Louis Blanchot, Murielle Joudet, Guillaume Orignac, Théo Ribeton, Yal Sadat, Milan Momcilovic, Nina Blanpain.

Ce livre est dédié à mes parents.

Achevé d'imprimer en septembre 2021 par Flex - Union européenne

Dépôt légal : octobre 2021